쉽게 배우는
한국교회사

쉽게 배우는 한국교회사

1판 인쇄일. 2023년 5월 15일
1판 발행일. 2023년 5월 22일

편　술_ 강원익
펴낸이_ 한치호
펴낸곳_ 종려가지
등　록_ 제311-2014000013호(2014. 3. 21)
주　소_ 서울특별시 은평구 은평로 14길 9-5
전　화_ 02. 359. 9657
디자인_ 표지 이순옥/ 내지 구본일
제작대행 세줄기획(02.2265.3749)
영업(총판) 일오삼
전　화_ 02. 964.6993　팩스 2208.0153

값 13,000 원

ISBN 979-11-90968-65-2

ⓒ2023, 강원익

잘못 만들어진 책은 구입하신 서점에서 바꾸어 드립니다.
책의 주문 및 영업에 대한 문의는 영업대행으로 해주십시오.

쉽게 배우는
한국교회사

강원익 목사 편술

문서사역
종려가지

머리말

한 목회자로서 짧지 않은 세월 말씀 사역을 해 왔지만, 늘 안타깝게 여겨지는 것은, 어느 시대보다도 말씀이 풍성하게 선포되고 가르쳐 지고 있으며, 말씀 연구에 도움을 주는 자료와 정보들이 넘쳐나고 있어서, 신앙에 관한 지식은 상당히 높아지고 있지만, 교회와 신자들의 삶은 시간이 갈수록 성경과는 점점 멀어져만 가고 있다는 것이다.

하나님께서 우리 죄인들에게 그리스도를 통한 구원의 은혜를 주신 것은 구원자이신 그리스도를 사랑하며, 그를 따라 살게 하려는 것이다. 그리고 그리스도를 따르는 삶이란 어떠한 것인지를, 그리스도께서 친히 가르쳐 주셨는데 "무릇 내게 오는 자가 자기 부모와 처자와 형제와 자매와 더욱이 자기 목숨까지 미워하지 아니하면 능히 내 제자가 되지 못하고 누구든지 자기 십자가를 지고 나를 따르지 않는 자도 능히 내 제자가 되지 못하리라"(눅 14:26-27)고 말씀하셨다.

이러한 가르침도 신자들의 머릿속에는 뜬구름 잡듯이 막연하게 들릴 뿐 실감 나게 와 닿지 않고 있다는 것이다. 오로지 신앙의 초점이 자기 자신의 복지와 행복에만 맞추어졌기에 이것 외에는 어떤 것도 마음속에 와 닿지 못하고 있다. "이 백성이 입술로는 나를 공경하되 마음은 내게서 멀도다"(마 15:8) 라고 하신 말씀처럼, 말씀을 외치면서도 진작 말씀에서는 멀어져 있는 우리 자신을 발견하고 새로운 신앙적 결단을 일으키는 것은 교회사를 공부하고 살피는 것임을 확신한다. 앞서간 믿음의 성도들이 걸어간 자취를 살펴나가다 보면, 주님을 사랑하고 따르는 삶의 모범이 어떤 것인지를 실감 나게 깨닫게 되기 때문이다.

이러한 은혜를 갈망하며, 금번에 「쉽게 배우는 한국교회사」를 작은 책자로 펴내게 되었다. 훌륭한 책들이 많이 나와 있는 것을 잘 알고는 있지만, 우리 성도들이 쉽게 읽으며 주님을 사랑하는 마음들이 뜨겁게 일어나기를 바라는 간절한 마음으로 신학생 시절에 배웠던 한국교회사(김광남 목사) 강의 노트를 부분적으로 수정하며 전문을 옮겼고, 또한, 한국교회 분열의 역사는 교회사(김의환 박사 감수, 세종문화사)에서 부분 발췌하여 간략하게 함께 엮어 보았다. 목회자들과 성도들에게 「쉽게 배우는 한국교회사」 필독을 권하며, 주님을 더욱 사랑하는 마음으로 따르는 삶의 기회가 되기를 소망해 본다.

특별히 귀한 자료들을 보내주시며, 도움을 주신 원용국 박사님께 감사드리며, 또한 변함없이 기도와 물질로 후원해 주시는 제주동신교회 성도들에게도 감사의 마음을 전한다.

2023년 벚꽃 필 무렵에

제주동신교회 강원익 목사

차 례

머리말 ··· 4

1편 • 천주교의 한국 전교

1장 | 기독교와의 첫 접촉
1) 경교의 영향 ······································ 13
2) 몽골을 통하여 접촉된 가톨릭교회 ············ 14
3) 일본 기독교의 영향 ···························· 15

2장 | 한국의 천주교회
1) 천주교의 도입 ·································· 18
2) 천주교의 창설 ·································· 21

3장 | 수난당하는 천주교회
1) 수난을 불러온 요소 ···························· 26

4장 | 수난받는 천주교회
1) 신유교난 ··· 31
2) 교구 설정 ······································· 32

3) 기해교난 ································· 33
4) 병오교난과 김대건 신부의 순교 ················· 35
5) 병인교난 ································· 36
6) 박해 ···································· 38

2편 • 한국의 프로테스탄트 교회의 시작

1장 | 기독교의 전래
1) 벨테브레의 한국 귀화 ······················· 41
2) 헨드릭 하멜의 한국 체류 ····················· 41

2장 | 신교(新敎) 선교의 선구자
1) 바실 홀 ································· 43
2) 구즈라프 ································ 43
3) 로버트 제르메인 토마스 ····················· 45
4) 알렉산더 윌리엄슨 ························· 48
5) 존 로스 ································· 48
6) 이수정 ································· 50

3장 | 개신교 선교 문호를 개척한 선교사들
1) 한국선교에 대한 호소 ······················· 54
2) 한국에 입국한 선교사들 ····················· 57

4장 | 선교 운동의 진전
1) 입국하는 각 교파의 선교사들 ················· 64

5장 | 선교사 공의회의 선교정책
1) 선교지역 구분 ···························· 76
2) 선교정책 ································ 77

6장 | 교회의 출발(선교지 순방과 교회설립)
1) 언더우드 선교사의 전교지역 여행 ············· 80
2) 아펜젤러 선교사의 전도지역 여행 ············· 81
3) 여러 선교사들의 순방 여행 ·················· 81
4) 선교부 설치 ······························ 82
5) 장로교회 설립 ···························· 82
6) 감리교회 설립 ···························· 84

7장 | 교회의 활동
1) 문서 사업 ································ 87
2) 교육 사업 ································ 89
3) 평양의 학교들 ···························· 92
4) 의료 사업 ································ 93

8장 | 1907년대 부흥 운동과 교회의 조직
1) 시대적 배경 ································· 95
2) 1907년의 대부흥 ···························· 97
3) 대부흥 운동의 결실 ························ 100
4) 선교사업 개시 ······························ 102
5) 백만 명 구령 운동 ························· 103
6) 신학교 설립 ································ 104

9장 | 교회의 조직
1) 장로교회의 조직 ···························· 106
2) 장로회 총회설립 ···························· 109
3) 감리교회의 조직 ···························· 110

10장 | 일제 치하의 교회
1) 겨레와 함께 십자가를 메는 교회 ············ 112
2) 3.1 독립운동 ······························· 114
3) 3.1 운동의 결과 ···························· 118

11장 | 수난에 대처하는 교회
1) 교회 진흥 운동 ····························· 119
2) 청년 운동 ·································· 121
3) 소년 운동 ·································· 129

12장 | 한국교회의 내외 활동

1) 해외 선교사업 ·· 133
2) 문화 사업 ··· 138
3) 사회 운동 ··· 140

13장 | 종파 운동과 이단 운동

1) 종파 운동 ··· 145
2) 이단 운동 ··· 154

14장 | 신사참배 강요와 한국교회의 수난

1) 신사참배 강요 ·· 160
2) 신사참배 반대 투쟁 ·· 169

15장 | 국토 양단과 6. 25동란 ···················· 178

16장 | 교회의 분열과 합동 운동

1) 자유주의 신학 사상의 침투 ····························· 181
2) 한국 장로교 분열의 역사 ································ 185

맺는말 ··· 189

1편

천주교의 한국 전교

1장 | 기독교와의 첫 접촉

1) 경교의 영향

① 중국에 전래된 경교

주후 431년 에베소 공의회에서 이단으로 정죄 되어 파문을 당한 네스토리우스(Nestorius, 콘스탄티노플의 주교: 마리아를 하나님의 어머니가 아닌 그리스도의 어머니라고 불러야 한다는 것과 그리스도의 양성이인격(兩性二人格) 주장)는 추방을 당한 후, 동양 선교의 비전(Vision)을 가지고, 그 일파와 함께 페르시아로 이주하여 에뎃사(Edessa, 터어키의 동남부)에 선교사 양성을 위한 신학교를 설립하였다. 여기서 훈련을 받은 신학도들이 중국에 들어와서 선교를 하게 되었고, 이때에 중국에 들어온 교회를 경교(景敎)라고 한다.

당시 중국의 황제는 태종(太宗, 당나라 제2대 황제, 李世民)이었는데, 태종은 알아본(아브라함의 중국 이름)이라는 네스토리우스(Nestorius)파 선교사를 처음 만났고, 그의 설교를 경청하고 신하 여럿과 함께 신앙에 감화를 받았다. 그리고 파사사(波斯寺)라는 교회당을 세워 백성들의 개종에 영향을 끼치게 되었다.

② 한국에 끼친 경교의 영향

이때 우리나라는 삼국을 통일한 신라(676~900년) 시대로써 당나라와 더불어 정치, 문화면에서 밀접한 관계를 맺고 있었다. 그러므로 중국에서 수입된 서양 문명의 깊은 영향을 받았고 당조(唐朝)의 황금시대인 7~8세기에는 당나라 수도(首都) 장안에 유행된 것은 무엇이든지 신라에 수입되지 않은 것이 없었으며, 서라벌 사람들에 의하여 거의 모방 되었다.

1625년에 중국의 서안부(西安府) 부근에서 소위『대진경교유행중국비(大秦景敎流行中國碑)』라는 것이 발견되었는데, 거기에는 중국어와 시리아어로 경교(景敎)의 선교경과, 중국 안에서의 전교(傳敎) 현황들이 736자 정도로 잘 소개되어 있다. 그런데 이 경교비(碑)와 똑같은 모조품이 한국 금강산에 있는 장안사에서 1917년에 발견된 것이다. 또한, 불국사 경내에서 돌 십자가가 발견되었는데, 불국사의 건축 연대와 당나라와의 관계를 고찰하면 당나라를 통하여 기독교가 전파되었을 가능성이 매우 크다고 할 수 있다.

2) 몽골을 통하여 접촉된 가톨릭교회

징기즈칸(成吉思汗, 성길사한: 몽골 제국의 시조)이 몽골을 세우고 세계 제패의 위력을 몰아 이슬람 국가들을 침공할 때 서구의 가톨릭교회와 기독교 국가들은 몽골에 대하여 호의적이었다. 그것은 그의 점령지에서 종교를 옹호했기 때문이다.

교황 인노센트(Innocent) 4세는 프라노 카르 피니(Frano Carpini) 신부를 파송하여 징기즈칸을 개종시키려 했으나 성공하지 못하였다. 그러나 우리의 관심사는 루브르크(Rubruc) 신부이다. 그는 1253년 5월 7일 콘스탄티노플(Constantinople, 현재는 터키의 이스탄불)을 떠나 몽골의 수도(首都)인 칸 바라크에 도착하여 가톨릭 신자로 알았던 바투 칸(Batu Khan, 징기즈칸의 손자)의 아들 사르탁(Sartak)을 만났으나, 사실 그는 신자가 아니었다. 다만, 왕실의 일부 여관(女官)들 중에 신자가 있었으나, 이들도 노예로 잡혀 와서 관비(官婢)로 있었을 뿐이었다. 이에 그의 노력은 실패로 돌아갔다.

그러나 루브르크(Rubruc) 신부는 한국을 알게 되었고, 그를 통해서 한국(Korea)이라는 나라가 온 세계에 알려지는 기회가 되었다. 그는 몽골이 동진하여 일본을 침공하려고 고려에 막대한 군비를 강요하고, 또 선박 건립을 출혈로써 강요하던 때에 압록강 연안까지 왔다가 그가 보고 들은 바를 교황청으로 보낸 보고서 가운데 카울레(Coulai, 고려) 라는 말이 들어 있고, 그것이 후에 코레(Coree)로 되었다가 변하여 오늘의 코리아(Korea)로 확정된 것이다.

3) 일본 기독교의 영향

마틴 루터(Martin Luther)가 1517년에 종교개혁을 일으켜 로마 가톨릭교회의 부패상에 도전하였을 때, 로마 가톨릭교회는 수수방관 하고 있을 처지가 아니었다. 그래서 반종교개혁을 일으켰는데, 그 중심인물이 이그나티우스 데 로욜라(Ignatius de Loyola)와 프란시스 자비에르(Francis Xavier)였다.

그들의 단체인 예수회(Jesuit, 제수잇)는 해외 선교만이 프로테스탄트(Protestant, 개신교) 교회에 대항하는 길이라고 생각하여 당시 해운력을 장악하고 있던 스페인과 포르투갈의 도움으로 세계 각지에 선교 활동을 전개하였다. 자비에르(Xavier)가 포르투갈 왕의 요청으로 1541년에 인도와 극동지역으로 파견되어 선교하였고, 1549년에는 일본에 상륙하여 선교 활동을 하였다.

이때 일본으로 건너온 예수회(Jesuit) 선교사들은 집권층의 비호와 풍신수길(豊臣秀吉, 도요토미 히데요시)의 비호를 받았다. 풍신수길이 한국을 침략하였을 때 일본인 장군 고니시 유게나라(小西行長) 휘하의 군대는 대부분 신자였다고 한다. 고니시 유게나라는 경건한 신자였으며, 그의 부대가 대부분 신자들로 구성되었고 포르투갈 선교사가 종군(從軍)하였으며, 행군 중에 전도하였을 가능성이 크다고 본다. 이들의 군대가 곰내(창원군 웅천)에 주둔하였을 때, 이들 대부분이 신자들임을 고려하여 예수회 일본 교구장인 디어레 컴그(Dierre Comg)에게 종군 신부를 파송하여 주기를 요청했으므로, 그레고리오 세스페데스(Gregorio Cespedes) 신부와 일본인 신자 후칸(俯瞰)을 파송하였다.

한국의 역사상 처음으로 들어온 기독교 교직자인 세스페데스 신부는 1594년에 입국하여 약 6개월 정도 체류하였으나, 한국인에게 전도할 기회는 별로 없었고, 일본 군인의 만행을 알리는 정도에 지나지 않았다.

임진왜란(壬辰倭亂, 선조 왕 제25년, 일본의 조선 침략으로 일어난 전쟁 1592) 때에 부산항에 상륙한 25만 명의 일본군인 가운데 10% 정도가 신자였다는 것을 고려할 때에 이들의 영향이 컸다고 볼 수 있으나, 침략자의 전도는 이 땅에 뿌리를 내리지 못하였다. 그때에 우리 동족 수만 명이 노예로 남양군도(南洋群島), 또는 유럽으로 팔려나갔다. 그들이 유럽인 신자들에게 전도를 받고 신자가 되었다는 기록들도 있다.

1616년 일본 도쿠가와 막부(德川幕府) 시대에 일어난 일본의 기독교 탄압으로 신자들이 순교를 당할 때 교포 중에도 신자가 있었다. 특히 빈센트 강(Vicent Kang)이라는 청년은(1603년) 마카오 신학교에서 수학하고 전도사가 되었다. 그가 만주(滿洲)를 거쳐 귀국하려고 하였으나 성공하지 못하고 일본으로 갔다가 1624년 44세에 체포되어 1626년에 순교하였다.

2장 | 한국의 천주교회

1) 천주교의 도입

① 천주교의 접촉

1601년에 마테오 리치(Matteo Ritch) 신부가 북경에 들어와 포교하여 천국당을 세우고 전교(傳敎)의 방편으로 『곤여만국전도(坤與萬國全圖, 세계지도 1602년) ~ 양의현람도(兩儀玄覽圖, 1603년)』 등의 세계지도와 기하원본 등의 과학서와 천주실의(天主實義)라는 천주교 교리서를 발행하여 중국학자들의 관심을 끌면서 전도할 때에 서광계(徐光啓), 이지조(李之澡) 등, 영조(英祖, 조선 제21대) 왕의 고관들을 신자로 얻는 데 성공하였다.

이때에는 북경에 사절로 가는 한국의 동지사(冬至使, 조선 시대에 해마다 음력 11월인 동짓달에 중국으로 보내던 사신) 일행들은 서양 문물의 대표적 상징물이 된 북경의 동, 서, 남, 북의 천주당(天主堂)을 구경하는 것이 필수적인 일과였고, 그 문물에 도취한 일행은 서양의 과학 서적과 천주교 교리 서적들을 얻어 가지고 돌아왔으며, 그것을 학자들이 연구를 거듭하게 되었다.

1601년 허균(許筠, 홍길동전 작가)은 천주교의 초보 교리서(기도문)인 게십이장(偈十二章, 천주교 기도서)을 얻어 가지고 돌아와 연구한 결과 유교나 불교의 윤리보다 천주교를 따라야 한다고 주장하였다.

그리고 병자호란(丙子胡亂, 인조 왕 제14년에 청나라의 조선 침략으로 일어난 전쟁, 1637) 때에 인질로 잡혀간 소현(昭顯)세자는 북경에서 제수잇(Jesuit, 예수회) 신부인 아담 샬(Adam Schall)과 친교를 맺어 천주교에 깊은 관심을 가지게 되었다.

소현세자가 귀국할 때에(인조 왕 23년, 1645) 천주교 신부 1명이 함께 하도록 아담 샬 신부에게 요청하였으나 제수잇(Jesuit, 예수회) 회는 신부의 부족으로 파송하지 못하게 되었고, 이에 아담 샬 신부는 소현세자를 사귀어 왔던 근본 뜻이 이루어졌음에도 불구하고 좌절이 되자 심히 안타까워하며, 그 대신 중국인 신자 환관(宦官) 5~6명을 동행하게 하였다.

그러나 소현(昭顯)세자는 귀국 후 3개월 만에 말라리아에 걸려 세상을 떠나고 말았다. 이에 중국인 환관 신자들은 모두 물러가고 세자의 병사(病死) 원인이 중국에서 가져온 문물에 있다(악귀가 붙었다) 하여 가져온 비단과 서적들을 모두 불태워 버리고 말았다. 이로써, 모처럼의 천주교 여명(黎明)의 앞길은 수포로 돌아가 버린 것이다.

② **학자들의 교리연구**

중국을 왕래하는 동지사(冬至使)들을 통하여 수입된 천주교 서적들은 그 당시에는 서장고(書藏庫)에 쌓여 있었고 연구하는 자가 없었으나 부패한 조정에서 물러난 참신한 학자들이 처음에는 서학이라 부르며 연구를 시작한 것이 숙종(肅宗, 조선 19대), 영조(英祖, 조선 21대) 왕 때에 이르러, 석학 이익(李瀷)의 연구결과 천주교는 불교나 유교 같이 혹세무민(惑世誣民, 세상을 어지럽히고 백성을 속임)하는 종교로 취급할 것이 아니라, 실천중행(實踐中行)할 도덕적 가치가 있음을 인정하고 문하생들에게 가르쳤다. 이익의 학풍을 이어받고 최초로 천주교의 신앙생활에까지 들어간 사람은 홍유호(洪有浩)이다. 그는 이익(李瀷)에게 천주교 교리서들을 얻어 숙독(熟讀)하고 신앙심이 생겼지만, 당시 정세로는 신앙생활을 들어낼 수 없었으므로, 예산, 순흥 등 깊은 산중에 들어가 10여 년(1775~1785)간 매월 7일. 14일, 21일, 28일을 미사(Missa)일로 정하고, 그날을 지키면서 참회와 기도 생활로 지냈으며, 평일에는 가난한 자와 병자들을 구제하는 것으로 일생을 보내다가 만년(晩年)에는 예산 고향으로 돌아가 세상을 떠났다.

그렇게 홍유호(洪有浩)는 한국 최초의 자발적인 천주교 신자가 된 것이다. 그 후 홍유호의 후계자 이벽(李檗)이 정조(正祖, 조선 제22대 왕) 3년, 주어사(走魚寺)에 들어가(1779) 천주 교리를 깊이 연구하고, 그의 천주교에 대한 신앙고백서인 성교요지(聖敎要旨, 천주교 교리 요약과 해석)를 발표한 뒤 자신의 신앙생활을 하면서 전교(傳敎)에 전력을 다하였다.

그리고 교리서의 부족과 천주교회가 설립되지 못한 것을 늘 개탄하며, 몇 해를 지내다가 정조(正祖) 7년(1783), 겨울에 이승훈(李承薰)이 동지사(冬至使)로 임명된 부친(이동욱)을 따라 북경에 사절로 가게 되었다는 소식을 들은 이벽(李檗)은 이승훈을 찾아가 천주교에 대해 설명을 하고 북경에서 예수회 신부들을 만나 천주교의 교리를 배우고 서적들도 가지고 오도록 부탁하였다.

2) 천주교의 창설

① 이승훈의 입교와 이벽의 전도 활동

정치적으로 남인(南人, 조선 시대 사색당파 노론, 소론, 남인, 북인 중의 하나)에 속해 있었던 여러 학자들은 기독교에 관한 확실한 연구를 진행시킬 서적과 자료의 결핍을 한탄해 오다가 마침내 동지사(冬至使)로 북경에 가게 된 이동욱의 아들 이승훈을 북경에 동행시키기로 하였다.

1783년 북경에 이른 이승훈은 그곳에서 천문학과 수학의 과학적 견문을 넓히면서, 그곳 예수회(Jesuit) 선교사들과 만나 여러 차례 학문을 토론하는 가운데 기독교의 오묘한 진리를 학습하게 되었다. 이승훈은 기독교의 교리가 심오할 뿐 아니라, 그 도덕적 교훈이 순결하고 우수함에 끌려 마침내 신앙을 고백하고 북경에서 공개적으로 그라몽(Grammont, 중국명 梁棟材) 신부에게 세례를 받게 되었다.

이것은 한국인 최초의 수세(受洗)로서 그 의의가 매우 크기 때문에 그 위에 한국교회의 주춧돌을 놓는다는 의미에서 베드로, 곧 반석이라는 세례명이 주어졌다. 이것이 1784년 2월의 일이었다. 한국 최초의 선교에 의해서가 아니라, 구도(求道)에 의하여 세례교인이 된 이승훈은 그해 3월에 여러 권의 교리서와 십자가상, 성화, 묵주 및 기하학책들을 품고 고국으로 돌아왔다. 그리고 그가 열심히 선교하였으므로, 선교한 지 5년이 지났을 때에는 신자의 수가 4천을 헤아리게 되었다.

그때에 이벽(李蘗)은 이승훈이 가지고 온 교리서를 가지고 깊은 산중에 들어가 깊이 탐독하고 연구한 결과 천주교의 참 진리를 깨닫고 자기 혼자 연구할 학문의 대상이 아니고 실천할 참 종교이며, 이 종교야말로 한국을 구원할 종교라고 생각하였다. 그리고 당시의 석학 권일신(權日身)을 찾아가 담화(談話)한 후, 그로 신자가 되게 하여 이승훈에게 가서 세례를 받게 하였고, 3인(이벽, 이승훈, 권일신)은 전도자로 출발하여 정약종(丁若鍾), 약전(若銓), 약용(若鏞) 3형제와 이가환(李家煥) 등 양반계급 학자들과 김범우(金範禹) 등, 중인 계급 학자들을 개종시켰다.

그는 한국 천주교회 최초의 자발적 전도자로 바울 같은 전도 여행을 단행하여 수많은 사람을 개종시켰으며, 한국 천주교회 개척에 공을 세웠다.

② **교회의 창설**

이벽(李蘗)의 전도 활동으로 양반과 중인 계급과 일반인 등, 많은 신자를 얻게 되자 교회당이 필요하였다. 그래서 명례동(明禮洞, 서울 명동) 김범우(金範禹)의 집을 빌려 주일마다 미사를 거행하였는데, 이것이 한국 천주교 최초의 교회(명동성당)인 것이다. 또한, 교회를 조직하기로 하여 우수한 학자인 권철신(權哲身)을 주교(主敎)로, 이승훈, 이가환을 신부(神父)로 세우고 교회 성사(聖事)를 집행하였다.

이렇게 한지 몇 해 후에 교회행정 지침서를 자세히 살펴보니, 성직자의 선택과 행위는 임의(任意)대로 하는 것이 아님을 알게 되자, 중국 교회에 사신을 보내어 성직 행위 문제와 고대(古代)로부터 내려

온 풍습인 제례(祭禮, 제사)에 대한 것을 문의하기로 하였다. 그에 대한 대답은 「성직 행위는 자의로 하는 것이 아니고 체제의 과정을 지켜야 하니 무모한 행위를 금한다」라고 하였고, 「조상 제례는 하지 않는 것이 좋은 일이라」는 지시가 내려왔다.

이러한 지시를 받고는 중국에 주재(駐在)한 교구장에게 신부를 파송해 줄 것을 요청하기에 이르렀다.

③ 주문모(周文謨) 신부의 입국과 전교 활동

한국 천주교로부터 신부파견 요청을 받은 북경의 천주교회는 조니 도스 레메디오스(Johnne Dos Remedios) 신부를 파견하기로 결정하였다. 그는 한국 입국을 위하여 두만강 북안 찰문(察門)까지 와서 노력하였으나 성공하지 못하고 병약하여 세상을 떠나고 말았다. 그러자 그 후임으로 중국인 마카오 태생인 주문모(周文謨, 야고보) 신부를 선정하였고, 그는 한국인 상복(喪服)을 입고 겨울에 압록강을 건너 수챗구멍으로 의주의 관문을 통과하여 서울에 무사히 입성하였다.

1794년 12월에 국경을 넘은 그는 1795년 1월 서울에 들어와 서대문 중인 역관(譯官, 통역 및 번역을 맡아보는 관리) 최인길(崔仁吉)의 집에 은거하였다. 그러나 개심을 과장한 한영익이 주문모 신부가 조선에 들어온 경로와 그 얼굴 모습을 알아 가지고 이벽의 형제인 조정의 고관에게 밀고(密告)하여, 그해 6월에 체포령이 내려졌다. 그러나 한영익(韓永益)의 수상한 행동을 뒤밟은 교우들에 의하여, 그의 배교 사실과 체포령을 미리 알게 된 최인길은 주문모 신부를 피신시키고 자기가 역관(譯官)으로 중국말을 할 수 있음을 이용하여 주문모 신부로 가장하였다.

그러나 포도청에 끌려온 최인길은 수염이 없어서 곧 탄로가 났고, 주문모 신부의 입국을 도왔던 지황(池璜)과 윤유일(尹有一)이 잡혀 와 모진 고문 끝에 다음 달 7월 28일에 맞아 죽었다. 이것이 을묘박해(乙卯迫害, 정조 제19년 1795)이다. 그리고 밀고자인 한영익은 아무런 보상도 받지 못하였고, 다음 해 비참한 환경 속에서 여행하다가 병들어 죽었다. 한편 최인길의 집을 빠져나온 주문모 신부는 당시 양반 신분으로 여신자이며, 부자였던 과부 강완숙(姜完淑)의 집 나무 광속에 몸을 숨기게 되었다. 강완숙은 본래 충청도 내포 지방의 양반 가문에서 태어나 머리가 좋고 성대가 걸걸하며, 언변이 좋았다.

그는 10여 년 동안 불교 신도였으나, 후에 충청도 덕산 홍지영(洪芝榮)의 후처가 되었다. 이 무렵 천주교로 개종하고 1791년 신해교난(辛亥敎難, 정조 왕 제15년에 일어난 최초의 천주교 박해사건) 때에 감옥에 갇힌 교우들에게 은밀히 먹을 것을 공급해 주다가 잡혀 수일간 구류를 당하였고, 그 까닭에 남편이 헤어지기를 원하였으므로, 시어머니와 딸, 전처의 아들 필주를 데리고 서울에 올라와 있던 중에 주문모(周文謨) 신부를 숨기게 된 것이다.

처음에는 주문모 신부를 석 달 동안 나무광 속에 숨겨두고 아무도 모르게 하다가 후에 시어머니에게 알리고 집으로 모시게 되었고, 주문모 신부는 6년 동안 그 집에 숨어서 활동하다가 우리 말과 습관에 익숙하게 되자 지방으로 다니면서 전교(傳敎) 활동을 하여 4천 명 정도였던 신자가 5년 후에는 1만 명이나 되었다.

그러나 그를 팔아넘기려는 배교자가 또 있었는데, 김여삼(金汝三)이란 자였다. 위태로움을 염려한 교우들이 주문모 신부를 피신시키고, 그의 거처를 숨겼다. 그러나 의금부에 끌려간 강완숙의 여비(女婢)가 모진 고문을 이기지 못하고 실토하는 바람에 강완숙도 의금부로 잡혀가게 되었고, 주문모 신부의 거처를 대라며, 고문을 당할 때에 강완숙은 「그분이 전에는 내 집에 계셨으나 이미 오래전에 집을 나갔기 때문에 지금은 어디 계신지 모르겠소!」라고 대답하였다.

의금부에서는 할 수 없이 주문모(周文謨) 신부의 인상(몽타주, Mont-age)을 그려 도처에 붙이고 상금을 걸어 수배하기에 이르렀다. 이때에 국경을 넘어 본국으로 피신하려던 주문모 신부는 자신으로 인해 수많은 교우들이 처참한 고문을 당하며 죽어가는 것을 그냥 둘 수 없어서 서울로 다시 돌아와 1801년 음력 3월 16일 고통 받는 교우들을 구하려고 의금부에 자수하였다.

그러나 조선 조정은 주문모 신부가 중국인이었기 때문에 함부로 다룰 수 없어서 한 달이 넘도록 숙의(熟議)를 거듭한 끝에 결국, 국문효수(鞠問梟首, 죄인의 목을 베어 높은 곳에 매다는 형벌) 형을 내리고, 음력 4월 19일(양 5. 31) 새남터에서 화살을 두 귀에 꿰고 장문의 죄목을 소리 높여 낭독한 후에 참수(斬首, 목을 벰)하였다.

3장 | 수난당하는 천주교회

1) 수난을 불러온 요소

① 조상 제사(祭祀) 문제

북경 교회에 조상의 제사 문제를 문의한바, 하지 않는 것이 옳다고 하는 지시에 따라 신앙생활을 충실히 하려는 신자들은 조상의 제사를 폐지하였다. 이때에 호남 선비 윤치중과 권상연이 첫 희생자가 되었다. 윤치중(尹致中)은 진산 사람으로 25세 때 진사 급제하고, 다음 해 서울에 올라와 김범우의 집에서 천주실의(天主實義, 천주교 교리서)와 칠 주를 읽고 크게 감화를 받아 3년 후 내종형(內從兄) 정약전의 지도로 천주교에 입교하였다.

윤치중은 모친 권씨가 세상을 떠나자 상복을 입지 않고 호곡(號哭)은 하였지만, 위패(位牌)를 모시거나, 제사를 지내지 아니하였다. 이를 홍낙안(洪樂安)이 듣고 좌의정 채제공(蔡濟恭)에게 그를 처형(處刑)할 것을 요청하였다. 윤치중과 그에게 전도 받아 신자가 된 외종형(外從兄) 권상연(權尙然)은 미리 피신하였기 때문에 진산 군수는 윤치중의 백부(伯父, 큰아버지)를 볼모로 잡았다. 이에 두 사람은 자수하여 모진 고문을 받았으나 끝까지 신앙을 버리지 아니하였다.

　전라감사 정민시(鄭民始)는 그들의 공술서와 문초 전말서를 정조(正祖) 왕에게 올렸다. 정조는 이를 묵살하려 했으나 반대의 목소리가 갈수록 높아져 갔으므로, 부득이 처형을 명하고서도 금후 무고한 피를 흘리게 될 것을 염려하여, 형 집행을 미룰 것을 지시하였으나 안타깝게도 이미 처형된 후였다.

② **붕당**(朋黨)**적 요소**

　한국에 천주교가 발을 들여놓기는 인조(仁祖, 조선 제16대 왕) 때이며, 영조(英祖, 조선 제21대 왕) 때에 와서는 해서와 관동지방 민간인 사이에 널리 퍼졌다. 이때는 사색 당쟁이 극렬하던 때였으므로 천주교의 수난도 당쟁과 무관하지 않았다. 영조 대왕은 당쟁의 화(禍)를 절감하여 파쟁을 누르기에 전력을 다하였고, 정조(正祖) 왕 또한 어질어 당쟁의 화를 피하려고 힘썼다.

　그러나 사도세자(思悼世子)의 문제로 시파(時派)에 동정이 갈 수밖에 없었다. 대부분 천주교 신봉자들이 남인 중 시파에 속하는 자들이었고, 영조와 정조는 천주교가 민간인들 사이에 퍼져 나갈 때 촌민 야파(夜破)들이라 관심을 기울이지 않았으며, 정학(正學)이 서면 서학(西學)은 자멸할 것이라고 생각하여 내버려 두었던 것이다.

　숙종(肅宗, 조선 제19대 왕) 때에 남인들의 세력이 쇠약해지기 시작하면서 다재다능한 인재들이 있었다 하여도, 그들에게 등용의 길이 막혀 있었고, 또한 유학(儒學)을 해도 소망이 없을뿐더러, 그 교훈의 소극성에 비하여 천주교 교리의 조리(條理) 있음과 서학의 과학성에 감복(感服)하지 않을 수 없었다.

천주교에 온건했던 재상 채재공(蔡濟恭)이 1799년에 죽고, 1800년에 정조(正祖)왕 또한 세상을 떠나자 천주교에 대한 박해가 터지고 말았다.

순조(純祖, 조선 제23대 왕)가 11세의 어린 나이로 등극하게 되자, 증조대비인 정순왕후(貞純王后)가 수렴청정(垂簾聽政, 왕을 대신하여 국정을 운영하는 것)하게 되었다. 정순왕후는 본래 영조의 계비로, 사도세자를 무고하여 죽게 하고 영의정 홍봉한(洪鳳漢)을 물러나게 하는 등, 궁중에서 무소불위의 권력을 휘두르던 좌승지 김구주(金龜柱)의 누이였다. 벽파에 속하는 자로서 시파에 속한 천주교를 증오했음은 당연한 일이었다.

③ 황사영의 백서

천주교 박해를 불러일으킨 또 하나의 요소는 신유교난(辛酉敎難, 1801년 순조 왕 때 일어난 천주교 박해사건) 때에 일어난 황사영의 백서(帛書)이다. 황사영(黃嗣永)은 경남 창원 사람으로 정약전의 형인 약현의 사위였으며, 주문모(周文謨, 중국인) 신부에게서 '알렉시오'라는 세례명으로 세례를 받은 자이다. 17세 때에 진사 급제하여 그 재능을 널리 인정받은 자로서 1801년 신유교난 때에 충청북도 제천 산골의 어느 옹기점 토굴에 숨어 있었으나, 김 대왕대비(정순왕후)는 1801년 2월 29일 그의 체포령을 내렸다.

황사영은 은신해 있는 토굴로 찾아온 황심(黃沁)과 상의하여 신유박해로 타격을 입은 조선교회의 참상과 교회의 재건 방책을 호소하는 내용을 길이 62㎝, 너비 38㎝의 흰 명주 비단에 13,311자로 작성한 장문의 편지를 황심과 함께 선천 땅에 사는 교우 옥천희(玉千禧)의 옷 속에 감추어 1801년 11월 동지사(冬至使) 일행에 섞여가서 북경 주교인 구베아(Gouvea)에게 전하려고 하였다. 그러나 음력 9월 20일(양 10월 27일)에 옥천희가 잡히고 26일에는 황심이가, 29일(양 11월 5일)에는 황사영이 밀서를 동지들에게 전달하려고 밤을 이용하여 숨었던 은신처에서 나오다가 잡혀 10월 3일 서울 의금부로 끌려왔다.

백서(帛書)는 10월 5일 순조 왕이 친히 보게 되었고, 혹독한 고문 끝에 이들은 모두 처형 되었는데, 그중에 황사영은 극악무도한 대역죄인으로 참수된 후 시체는 여섯 부분으로 토막 내어 소금에 절이는 끔찍한 육시형(戮屍刑)을 당하였다. 재산도 몰수당하고 양친과 처자는 멀리 귀양을 갔으며, 이때 황사영의 나이 27세였다. 황사영 백서(黃嗣永帛書)는 현재 로마 교황청에 보관되어 있다. 백서의 내용은 대략 4가지이다.

첫째 - 조선은 경제적으로 힘이 없으니 서양 제국의 동정을 얻어서 성교를 받들어 나가고 백성을 구제해 내려는 필요한 자본을 얻고자 한다.

둘째 - 조선은 종주국 청나라 황제의 명령을 따르니, 청나라 황제의 동정을 얻어서 서양인 신부를 조선에 보내줄 것.

셋째 - 이씨 조선은 이제 쇠하고 망할 지경에 이르렀으니, 이 조선 땅을 청나라에 예속시키고 안무사(按撫使, 조선시대 지방에 특사로 파견하던 관직)를 평안도 의주와 평양에 두어 친왕으로 하여금 이 나라를 감독하게 하고 보호하게 할 것.

넷째 - 조선은 200여 년 이래 평화가 지속되어 전쟁을 모르니, 배 수백 척과 강병 5, 6만의 전투 부대를 조직하고 와서 선교사의 포교를 자유롭게 할 것.

4장 | 수난받는 천주교회

1) 신유교난

 순조(純祖) 원년인 신유년(辛酉年)에 수렴청정하는 김 대왕대비는 작고한 채제공(蔡濟恭)의 관직을 삭탈하고 서학(西學, 조선 시대에 천주교를 이르던 말)을 금하는 교서를 발표하였다. 이를 계기로 1년 동안 대 박해가 일어나 300여 명의 순교자를 내었다.

 신유년 2월 21일, 권철신이 곤장을 맞아 죽었고, 27일에는 정약종, 최필공, 홍교민, 홍낙민, 최창현 등이 서소문 밖 사거리에서 참수를 당했으며, 이승훈도 참형을 당하였다.

 정약전은 전라도 흑산도에, 정약용은 경상도로 귀양을 갔고, 2월 28일에 이단원이, 3월 31일에는 여주에서 이중배, 원요한, 임희경, 정중호 등 5명이, 또 양근에서는 유한숙, 윤 야고보가 참수되었다. 같은 날 은언군(恩彦君, 사도세자의 셋째 아들) 부인 송 마리아와 상계군(常溪君, 은언군의 장남) 부인 신 마리아에게도 사약이 내려졌다.

 4월 19일에는 주문모(周文謨) 신부가, 5월 2일에는 서소문 밖에서 강완숙 등이, 11월 5일에는 황사영이 황심에 이어 백서에 관련되어 순교하였다.

2) 교구 설정

신유교난(辛酉敎難, 조선 순조 왕 원년에 있었던 천주교 박해사건, 1801) 때에 많은 지도자를 잃기는 했지만, 천주교가 아주 사라진 것은 아니었다. 지하에 숨어 있는 교인들이 많았다. 그 대표적인 인물이 순교한 정약종의 둘째 아들 정하상(丁夏祥)이다. 정하상은 신유교난 때 나이 7세로 어머니와 누이 함께 양근땅 숙부들의 집에 피하였으나, 숙부 약전, 약용이 귀양을 가게 되면서 친척들이 배교를 강요하였지만 굽히지 않았고 함경도 무산에 귀양을 가 있던, 학덕(學德)이 겸비한 조동섬(趙東暹)을 찾아가 교리와 한문을 배웠으며, 그의 지도하에 교우들이 거출한 여비를 가지고 1816년 10월 24일 동지사(冬至使) 역관의 종복이 되어 북경에 가게 되었다. 신부(神父)를 모셔오기 위한 일이었다.

이렇게 북경에 가서 신부를 모셔오려는 노력은 10여 년 동안 아홉 차례나 되었다. 그러나 여의치 않아서 1825년에 이여진(李如眞)이 역관 조진필(曺縉弼)과 연서하여 로마 교황에게 한국교회의 실정을 알리고 신부 파송을 간청하는 편지를 썼다. 이 편지는 1827년 라틴어로 번역되어 로마교황 레오(Leo) 12세에게 전달되었다. 그러나 레오 12세가 죽게 되었고, 이어서 한국 선교에 많은 열의를 보였던 추기경 까펠랄리(Capelali)가 교황이 되면서 그레고리(Gregry) 16세라고 불렀다.

그는 즉위한지 1년도 안 되어 교서를 내렸는데, 조선 교구를 북경 교구에서 독립시켜 설정하고, 초대 주교로 불란서인 브르기에(Bauguiere) 신부를 임명하였는데, 1831년 9월 9일 천주교회가 창설된 지 45년이 지난 다음의 일이었다.

당시에, 중국의 주교 구베아(Gouvea)는 포르투갈인이었다. 그러므로 포르투갈 성직자들이 불란서인 주교가 한국에 주재하는 것을 좋아하지 않았고, 독립된 교구가 되는 것을 방해하였다. 특히 청나라인인 유방제(劉方濟) 신부는 조선 교구의 독립을 방해하고 조선을 북경 교구의 지배 아래 두려고 노력하였다.

이렇게 하여 브루기에(Bauguiere) 주교는 여러모로 방해를 받았고, 또 유방제의 간교(奸巧)로 인해 한국인 신자들로부터도 입국 거절의 편지를 받게 되었다. 그러나 브르기에 주교는 마침내 페낭(Penang)을 떠나 한국을 향한지 4년 만에 만주까지 긴 여행을 하고서도 한국 땅에 들어오지 못하고 만주 벌판에서 세상을 떠나고 말았다.

그러나 1835년 겨울에 한국 최초의 서양인 선교사로 불란서 신부 모방(Maubant)이 방갓에 상복 차림으로 압록강을 건너 서울에 잠입하였다. 그리고 그의 뒤를 이어 2대 주교로 임명된 임베르(Imbert) 신부와 불란서인 신부 샤스탕(Chastan)이 서울에 각각 잠입함으로써 위축되었던 교세는 다시 신자 9천을 헤아리게 되었다.

3) 기해교난

1801년 신유교난(辛酉敎難)은 순조의 계중 조모요, 벽파에 속했던 김 대왕대비(정순왕후)가 집권하면서 일어났다. 그러나 김 대왕대비는 1802년 시파에 속했던 안동 김씨 김조순(金祖淳)의 딸을 순조의 왕비로 삼음으로 인해 1803년부터 정권을 김조순에게 빼앗겼고, 또 순조는 김조순의 세도를 싫어하며, 1827년 맏아들 효명(孝明) 세자에게 정사를 맡겼는데, 그 부인이 앞으로 세도 정치를 잡을 조만영(趙萬永)의 딸이었다.

기해교난(己亥敎難, 헌종 제5년에 일어난 제2차 천주교 박해사건, 1839)은 효명(孝明)세자가 죽고, 그 아들 헌종(憲宗, 조선 제24대 왕)이 임금이 된 후, 순조의 부인 순원왕후(純元王后)의 세력을 몰아내려는 풍양 조씨의 책동으로 인해 일어났다. 순원왕후는 천주교 신자였던 정약용(丁若鏞)이 그의 남편 순조와 아들 효명세자가 위독할 때 의술로 도와주었고, 또 궁녀 여럿이 신자였기 때문에 천주교에 대하여 온건 정책을 취했었다.

그러나 효명세자의 장인이었던 조만형(趙萬永)이 어영대장이 되고, 아우 조인영(趙寅永)이 이조 판서가 되었으며, 조카벌 되는 조병헌(趙秉憲)이 형조판서가 되어 정권을 장악하게 되자 순원왕후는 물러날 수밖에 없는 처지가 되었는데, 그녀를 몰아내는 수단으로 기해년(己亥年) 박해가 일어났던 것이다.

1838년 우의정 이지연(李止淵)이 천주교 박멸 정책을 김 대왕대비(순원왕후)에게 헌의하였다. 그러나 천주교를 박해할 뜻이 없었던 대왕대비는 어쩔 수 없이 이조 판서 조인영(趙寅永)을 시켜 10월 18일 척사윤음(斥邪綸音: 천주교를 배척하기 위해 백성에게 내린 교서)을 짓게 하였다. 윤음(綸音)이란, 원래 임금이 새해가 되면 백성들에게 농사를 장려하기 위하여 내리는 것이었으나, 이것은 천주교 박해에 전용되었던 것이다.

당시 전국적으로 배포되었던 척사윤음의 내용에는 척사윤음을 반포하는 취지와 배경, 천주교의 교리에 대한 반박과 천주교 신자도 조선의 백성이니 조선의 교(教)를 따라야 한다는 내용 등이다. 이러한 천주교 대 박해에 즈음하여 정하상(丁夏祥)이 3,400자의 긴 상재상서(上宰相書, 1839)를 지었다. 우리나라 최초의 호교문(護教文)으로서 천주교를 변증하는 부분과 잘못된 오해를 시정하려는 부분과 국왕에 대한 호소 부분으로 되어 있다.

이 기해교난(己亥敎難) 때에 정하상을 비롯한 30여 명이 서소문(西小門) 밖 형장에서 처형이 되었고, 임베르(Imbert) 주교와 모방(Maubant) 신부, 그리고 샤스탕(Chastan) 신부도 새남터에서 국문효수(鞠問梟首: 목을 베어 높은 곳에 매달아 놓는 형벌)를 당하였다. 서양 선교사로서는 처음 순교한 자들이었다. 이들의 시체는 노고산(老姑山)에 안장되었는데, 지금 그곳에는 『서강대학교』가 있다.

4) 병오교난과 김대건 신부의 순교

병오교난(丙午敎難, 1846년 김대건 신부의 체포와 관련되어 일어난 천주교 박해사건)은 1845년 9월 임베르(Imbert) 주교의 대를 이을 제3대 주교인 페레올(Ferreol) 주교가 그해 8월에 북경에서 한국인으로서는 최초로 신부의 서품을 받은 김대건(金大建) 신부와 함께 충청도 강경을 거쳐 서울에 잠입하게 되었다.

김대건은 1821년 8월 21일 충청남도 내포(당진군 우량면 신종리)에서 태어났으며, 모방(Maubant) 신부에게 발탁되어 16세에 중국인 신부 유방제(劉方濟)를 따라 마카오에서 유학을 하였고, 그가 한국인 최초로 신부의 서품을 받은 것은 1845년 8월 17일이다.

김대건은 페레올(Ferreol) 신부와 함께 서울에서 반년쯤 지낸 다음, 외국인 신부의 입국 안내를 위해 수로(水路)로 마포 강을 떠나 황해도 연안에 도착하여 청나라의 어선들과 접촉하다가 조선 관헌들에게 붙잡혀 서울로 압송되었다. 그리고 1846년 9월 15일 희정당(熙政堂, 창덕궁) 어전회의에서 영의정 권돈인(權敦仁)은 김대건을 사교(邪敎)를 의탁하여 백성을 현혹하며, 조국을 배반한 반역자로서 엄한 벌을 내릴 것을 간청하였고, 이에 헌종은 효수형(梟首刑, 죄인의 목을 베어 높은 곳에 매달아 공개하는 형벌)을 명하였다. 다음날 김대건(金大建)은 새남터(한강변 모래사장)에서 칼을 8번이나 맞고 목이 떨어져 순교하였다. 이때 그의 나이 25세였다. 그의 머리는 지금 가톨릭신학대학 성당에 안치되어 있으며, 천주교 성직자단은 1949년 11월 15일에 그를 대주보(大主保: 수호자라는 뜻)로 받들어 7월 5일을 김대건(세례명: 안드레아) 신부의 축일로 정하였고, 1984년에 성인(聖人)으로 선포되었다.

5) 병인교난

① 원인: 한국 가톨릭교회의 수적 부흥

헌종(憲宗)이 자식을 두지 못한 채 세상을 떠나자 강화도에 살던, 소위 강화도령 철종(哲宗, 조선 제25대 왕)이 대비인 순원왕후의 명으로 궁중에 들어와 즉위하게 되었다. 철종은 신유교난 때 사교(邪敎)의 신자로 몰려 내외가 사사 당한 은언군(恩彦君, 사도세자의 셋째 아들)의 직손이었다. 더구나 페레올(Ferreol) 주교의 병사 이후 제4대 주교로 임명된 베루느(Berneux) 신부가 1855년 헌종 6년에 젊은 서양 선교사 4인을 데리고 입국하여 전교(傳敎)하면서 교세는 눈에 띌 정도로 확장되어 1857년에는 신자들이 1만 3천여 명을 헤아리게 되었다.

그리고 국내에 잠입한 외국의 선교사도 12명을 헤아리게 되었으며, 이 수적인 확장이 박해의 실마리가 된 것은 두말할 것도 없었다.

② **병인교난**(丙寅敎難, 고종 제3년 1866)**의 직접적인 원인**

안으로는 동학란(東學亂, 농민혁명 1894)의 시련을 겪고 있을 때 동북쪽 국경의 건너편까지 뻗쳐온 제정 러시아는 함경도에 여러 번 침공해서 통상을 요구하며, 변방을 어지럽게 하였다. 이때에 홍봉주(洪鳳周), 남종삼(南鍾三), 김기호(金起浩) 등 천주교인들이 프랑스와 대영제국의 협조를 얻어 한국, 영국, 불란서의 삼각 동맹을 맺음으로써 러시아의 남하 정책을 저지하고 대신에 그 공로로 신앙의 자유를 획득할 길이 있으리라 생각하여 대원군(大院君, 왕의 부친의 벼슬 칭호)에게 건의하였다. 홍선 대원군은 호의로 건의를 받아들여 남종삼을 접견하고 의논을 하였고, 민비(閔妃: 대원군의 며느리, 명성황후)도 역시 비밀리에 베루느(Berneux) 주교에게 프랑스와의 교섭을 맡아 달라고 부탁하였다. 고종(高宗)의 유모 박씨도 독실한 신자로서 「마르다」라는 세례명까지 받았다. 그러므로 궁중에도 천주교 신자가 침투되어 있었던 것이다. 그만큼 대원군이나 민비가 천주교에 호의를 갖고 있었다. 그러나 대원군의 이러한 초조한 반응에도 불구하고 천주교는 민감하게 반응하지 못하였는데, 주교 베르느(Berneux)는 천주교가 정치와 접촉하는 것을 꺼려하여, 프랑스 정부와의 접촉을 반대하는 태도를 취하였다.

6) 박해

베르느(Berneux) 주교의 비협조적인 태도로 인해 대원군은 진노하여 천주교를 탄압하게 되었다. 남종삼은 친족들의 신고로 고향에서 잡히게 되었고, 1866년 2월 23일에는 베르느 주교가, 그리고 3월 8일에는 프트니콜라(Petinicolas)와 프르티에(Pourthie)가, 3월 11일에는 브르트니에르(Bretenieres)와 볼뤼외(Beaulieu), 도리(Dorie)가 체포되어 의금부에서 심문을 받을 때에 대원군이 그들에게 개종하고 국외로 물러갈 것을 강요했지만, 그들은 끝내 거절하였다. 결국, 한국인 신자들은 서소문(西小門) 밖의 형장에서 3월 21일 순교의 피를 흘렸고, 6명의 선교사들은 한강변 새남터에서 참형을 당하였다.

이때에 일어난 박해를 병인교난(丙寅敎難, 조선 말기 흥선 대원군 정권에 의해 벌어진 대규모의 천주교 탄압)이라고 한다. 당시 순교의 피를 흘린 신자들의 수가 3년간 8천여 명이나 되었고, 이외에도 산이나 들로 피신하였다가 굶주림으로 죽어간 신자들까지 합하면, 그 수는 더욱 많을 것으로 추정된다.

2편

한국의
프로테스탄트
교회의 시작

1장 | 기독교의 전래

1) 벨테브레(Jan J. Weltevree)의 한국 귀화

화란인 벨테브레(Weltevree, 박연 朴淵)는 1627년 우베르케르크(Ouwe-rkerk)호를 타고 일본으로 항해하다가 폭풍으로 배가 난파되어 동료 2명과 함께 표류하던 중, 제주(탐라)도에 상륙하여 음료수를 구하려다가 관헌들에게 붙잡혀 부산에 있는 일본 왜관(倭館)으로 보내진 후, 한국에 귀화(歸化)하여 해군 지휘관이 되었고, 한국 여인과 결혼도 하였다.

그는 이신득의(以信得義)의 이치와 「모든 것은 하나님이 해결한다」라는 말을 한 것 등으로 보아서 신앙인임이 확실하고, 화란(네델란드)은 개신교(改新敎) 국이므로, 그는 기독교 신자였을 것으로 여겨진다.

2) 헨드릭 하멜(Hendrick Hamel)의 한국 체류

1653년 화란인 하멜(Hamel) 일행 36명이 제주도에 표류하여 13년간이나 억류되었다가 8명이 탈출하였다. 이때 하멜이 귀국하여 『하멜 표류기』와 『조선 왕국기』 등을 출간하여 한국을 세계에 알리는 최초의 저서를 내었다.

하멜 일행이 기독교 신자인지에 대한 여부는, 그들이 신자임을 밝히는 문헌 중, 효종실록(孝宗實錄, 국정에 관한 역사 기록물)에 「일본어를 아는 자가 묻기를 "너희들이 기독교인이냐?" 하니 "야"라고 대답하였다」라는 기록이 남아 있다. 또한, 하멜 표류기에 제주 앞바다의 파선 당시 「제군이여! 돛대를 절단하고 하나님의 은총에 의뢰하라. 우리의 모든 지식과 노력은 이제 소용이 없다」라는 기사를 보면, 그들이 기독교 신자였음을 짐작할 수 있다.

이 하멜 표류기를 우리 글로 옮긴 역사가 이병로(李炳魯) 선생은 그들은 프로테스탄트(Protestant)라고 주석을 달았다.

2장 | 신교(新敎) 선교의 선구자

1) 바실 홀(Basil Hall)

　구즈라프(Gutzlaff)가 오기 전에 우리나라에 처음으로 성경을 가져다준 사람은 영국 해군 장교 바실 홀(Basil Hall) 중령이다. 그는 1816년(순조왕 제16년)에 우리나라 서해안 해도 작성을 위한 측량을 목적으로 영국 함정인 알세스트(Alceste)호의 맥스웰(Maxwell) 함장과 함께 왔다.

　이 배는 본래 중국으로 파견된 사절단을 태운 배로써 중국에 들렀다가 1816년 9월 1일 황해도의 백령도와 청도 근방에 상륙하여 중국 선교사 모리슨(R. Morrison)이 부탁한 한문 성경을 나눠주고, 군산만으로 가서 관리들을 만나 역시 선물과 성경을 전하였으며, 다시 약 10일간 전라도의 다도해(多島海)와 추자도 해상을 둘러보고 돌아갔다.

2) 구즈라프(Kart A. F. Gutzlaff)

구즈라프 목사는 독일 태생으로 네덜란드 선교회에 속한 독일인 선교사였다. 그는 바타비아(Batavia, 네덜란드 옛 이름)에서 한때 선교사 생활을 하였고, 1828년에는 네덜란드 선교회를 사임하고 태국 방콕으로 임지를 옮겼다가 다시 마카오로 옮겨 중국 최초 선교사인 로버트 모리슨(Robert Morrison)과 절친한 친구가 되었다.

1832년 동인도 회사(東印度會社, 17세기에 유럽국들이 동남아시아와 무역하기 위해 동인도에 세운 무역회사)는 극동의 새로운 통상지를 개척 탐사하려는 목적으로 타이완을 거쳐, 조선 서해안과 제주도, 그리고 일본 오키나와에 이르는 항해를 계획하였고, 헤밀톤 린제이(Hamilton Lindsay)를 책임자로 파견하였다.

린제이는 중국어에 능통한 의사 겸 선교사인 구즈라프(Gitzlaff) 목사를 통역관으로 동승시켜 중국 북부의 항구에 파송하여 통상 개시의 형편을 살피게 하였는데, 이때에 모리슨(Morrison)은 구즈라프 목사에게 중국어 성경을 많이 주면서 반포하도록 하였고, 그 상선(商船)은 산동 해안을 탐사한 후, 한국 땅으로 방향을 돌려 정박한 곳이 황해도 서해안의 백령도였다.

그들은 지방 관청을 통하여 서한(書翰)으로 한국 정부 당국과 접촉하고자 하였으나, 회신이 없자 다시 국왕에게 예물과 함께 통상 개시 청원서를 보내었고, 그 회신을 기다리는 동안 그 지방 주민들과 접촉하여 성경과 전도지를 전해 주었다.

구즈라프(Gitzlaff) 프랑스 목사의 한국 방문은 극히 짧은 기간이었으므로 선교에 관한 뚜렷한 성과는 없었으나, 한국을 방문한 최초의 개신교 목사라는 데에 큰 의의가 있는 것이다. 그의 방문담 중에는

「어쨌든 이는 하나님의 역사였다. 하나님의 영원한 섭리로써 그들에게 하나님의 자비가 미칠 날이 오고야 말 것이다. 우리는 그날을 기다리며, 하나님께서 이 미약한 첫 방문을 통하여 복 주실 것이다. 한국 땅에 광명의 아침이 오기를 기도하여야 한다 …」라는 내용이 있다.

3) 로버트 제르메인 토머스(Rovert Jermain Thomas)

토머스(Thomas) 목사는 1840년 영국 웨일스(Wales)에서 출생하여 「에딘버러 뉴 칼레지」를 졸업하고 1863년 목사 안수를 받은 후, 런던 선교회의 파송으로 갓 결혼한 아내와 함께 떠나 그해 12월 중국 상해에 도착하였다. 그러나 기후가 아내에게 맞지 않아 오지인 항구로 가서 기후가 적당한지를 알아보던 중 상해에 있던 아내 캐롤린 고드프리(Carolin Godfery)가 유산의 후유증으로 세상을 떠나고 말았다. 슬픔이 거의 절망에까지 달했던 그는 선교회의 결정으로 임지를 북경으로 옮기게 되었고, 산둥성(山東省) 지푸 주재『영국 스코틀랜드 성서공회』총무인 알렉산더 윌리엄슨(A. Williamson) 선교사 집에서 병인박해(丙寅迫害, 고종 제3년에 대원군의 천주교 신자들을 대량 학살한 사건 1866)를 피해 중국에 와 있던 리델(Ridel) 신부와 신자 김자평(金子平), 최선일(崔善一)을 만나 조선에서 일어난 박해 상황을 듣게 되었고, 여기서 한국에 대한 관심과 선교의 뜻을 품게 되었다.

그는 1865년 4월 북경을 떠나 그달 31일에 김자평의 안내를 받으며, 우리나라 서해안을 거쳐 백령도에 도착하였다. 그곳에서 약 2개월 반 동안 머물면서 한국에 대한 지식을 약간 얻었으며, 가지고 왔던 한문 성경책을 한국인들에게 나눠주고 1866년 1월 초순에 다시 북경으로 돌아갔다.

그 후로 한국 본토에 들어가 선교할 기회를 찾던 중, 같은 해 미국의 상선(商船)인 저너럴 셔먼(General Sorman)호가 중국에 들어왔고, 그 배가 상업을 위해 평양으로 들어갈 때에 토머스(Thomas) 목사는 통역사 자격으로 선원 23명과 함께 승선하게 되었다.

당시 조선은 대원군에 의한 병인박해로 가톨릭 신부와 신자 8,000여 명 이상이 순교를 당하던 시기였다. 이 사건으로 프랑스의 보복이 있을 것이라는 흉흉한 소문으로 조선은 긴장하고 있었고(이 소문은 1866년 11월 리델 신부로부터 병인박해 진상을 보고받은 프랑스 로제 제독이 함대를 이끌고 강화도를 침범하므로 사실이 됨, 병인양요), 외세를 배척하는 경계심이 고조되던 때에 저너럴 셔먼호가 대동강에 들어와 정박하자, 평양감사는 문정관(問情官)을 보내 목적지가 어디며 항해의 목적이 무엇인가를 물었고, 외국과의 무역은 국법으로 금지되어 있으니 그냥 돌아가라고 권고했다.

그럼에도 불구하고 셔먼(Sorman)호는 항진을 계속하여 만경대 한사정(閑似亭, 쑥섬과 양각도 사이)까지 들어와 조선 측에 통상을 요구했고, 제지하던 중군 이현익(李玄益)을 붙잡아 감금하는 일이 벌어졌다. 이에 격분한 평양성의 관민(官民)들이 강변으로 몰려들어 돌을 던지고, 활을 쏘며, 물러가라고 고함을 칠 때에 무장상선인 셔먼(Sorman)호는 소총과 대포로 응사하며 사태를 더욱 악화시키고 말았다.

이러한 와중에 서해의 썰물 때가 되자 강물이 급격하게 줄어들면서 셔먼호는 강바닥에 좌초되어 움직일 수 없게 되었고, 평양감사 박규수(朴珪壽)는 이때를 기회로 화공법(火攻法)을 사용하여 셔먼(Sorman)호를 공격하였고 배는 불길에 휩싸이게 되었다. 선원들은 어쩔 수 없이 강으로 뛰어내려 강변으로 헤엄쳐 나왔지만, 강변에서 기다리던 성난 관군들은 뭍으로 기어오르는 선원들을 닥치는 대로 창으로 찌르고 칼로 쳐 죽였다.

토머스(Thomas) 목사 역시 성경을 품고서 강으로 뛰어내려 헤엄쳐 나왔으나, 성난 병사들에게 잡히게 되었고, 모래사장에 무릎 꿇어 하나님께 마지막 기도를 한 후, 퇴역 군인 박춘권(朴春權)의 칼에 의해 순교의 피를 흘리게 되었다. 이때 그의 나이가 만 27세, 1866년 9월 2일이었다. 그가 대동강에 뿌린 피는 헛되지 아니하여, 한때 평양은 한국의 예루살렘이기도 하였다.

토마스 목사를 칼로 쳤던 박춘권(朴春權)은 돌아갈 때에 모래사장에 던어진 성경책을 집으로 가져가 읽고 후에 회개하여 안주(安州) 교회의 영수(領袖, 조직이 갖추어지지 않는 교회의 임시 지도자)가 되었고, 성경을 벽지로 사용했던 영문주사(營門主事) 박영식(朴永植)의 집은 평양 최초의 장로교회인 『널다리골 교회(후에 장대현교회)』가 되었다. 그리고 토마스 목사가 전해 준 성경을 받은 사람들은 홍신길(洪信吉), 김영섭(金英燮), 김종권(金宗權), 최치량(崔致良)이었는데, 이들은 후일에 강서와 평양교회의 설립자들이 되었다.

후에 평양에 개척 선교사로 온 사무엘 마펫(Samuel A. Moffett) 목사는 1893년 11월 학습 문답을 할 때에 한 신자에게서 중국어 신약성경을 발견하였다고 증언하였다.

4) 알렉산더 윌리엄슨(Alexander Williamson)

1867년 가을에 산둥성(山東省) 지프 주재 『스코틀랜드 성서공회』의 총무 윌리엄슨(A. Williamson)은 토머스 목사 순교 후, 한국 선교에 대한 깊은 관심을 가지고 만국순회전도(萬國巡廻傳道)를 시작하였고, 고려문(高麗門, 중국인과 조선인들 사이에 물물교환하던 장소)에 와서 많은 한국 사람들에게 성경을 팔았는데, 그것은 값을 치러야 귀한 줄을 안다는 것이었다.

5) 존 로스(John Ross)

로스(Ross)와 그의 매부인 존 매킨타이어(John Mecintyre)도 윌리엄슨과 토마스와 같이 영국 『스코틀랜드 자유교회』 선교사로 1872년 만주 우장에 와서 선교하는 한편, 한국 선교에도 많은 관심을 가졌다. 1873년에 그들은 한국 사람들을 만나기 위하여 고려문에 왔으나 뜻을 이루지 못하고, 다음 해 봄에 다시 와서 중국인 서기를 시켜 그들이 유숙하고 있는 여관으로 한국인들을 데려오도록 하였다.

때마침 평안북도 의주 청년 학자들인 이응찬(李應贊), 이성하(李成夏), 백홍준(白鴻俊), 김진기(金鎭基) 네 사람이 새로운 지식을 얻으려고 여기에 왔다. 그중 이응찬은 로스(Ross) 목사를 따라 어학 선생으로 조선말과 역사를 가르치러 우장에 갔고, 남은 세 사람은 의주로 돌아갔다.

그해, 가을에 이응찬은 다시 고려문(高麗門)에 와서 동료 세 사람을 만나 함께 우장으로 가서 서양인들의 어학 선생을 하는 한편, 새로운 문화를 배우게 되었다. 그들은 우장으로 온 지 3년만인 1876년에 예수를 믿기로 하고 매킨타이어(Mecintyre, 馬勤泰) 목사로부터 세례를 받았다. 로스(Ross, 羅約翰) 목사는 그들에게 성경 번역을 하도록 하였으며, 1880년까지 요한복음과 누가복음을 번역하였고, 그 후 남은 두 복음서(마태, 마가)와 사도행전도 번역을 했으나 인쇄 문제에 부딪히고 말았다.

마침, 그 무렵에 서상륜(徐相崙)이 우장에 왔다가 장질부사(腸窒扶斯, 장티푸스)에 걸려 고생하던 중, 매킨타이어(Mecintyre) 목사의 주선으로 서양인이 경영하는 병원에 입원하여 치료를 받으면서 두 선교사의 지극한 간호와 기도로 완쾌되었고, 또 그들의 전도로 1881년 봄에 세례를 받게 되었다.

다음 해『스코틀랜드 성서공회』의 주선으로 인쇄기를 장만하게 되었고, 1882년 이른 봄에 로스(Ross) 목사는 백홍준, 김진기, 서상륜을 데리고 봉천으로 와서 인쇄소를 차리고 가을에는 최초의 번역인 누가복음과 요한복음을 인쇄하였다. 그리고 1883년에는 마태, 마가, 사도행전이 인쇄되었고, 1887년에는 신약성경 전권이 인쇄되어『예수성교전서』라는 이름으로 3천 부를 출판하였다.

그리고 로스(Ross) 목사는 서상륜을 통해 성경을 한국에 보내려 하였다. 그러나 고려문(高麗門)에 도착한 서상륜은 검문소에서 발각되어 구금되었으나, 그곳의 관리가 그의 먼 친척이었던 관계로 풀려나게 되었고, 고향으로 돌아와 전도한 지 반년이 못되어 수십 명의 신자들을 얻게 되었다.

이성하(李成夏)도 1884년 봄에 의주로 돌아오게 되자 로스(Ross) 목사는 그에게도 복음서와 사도행전을 주어 보내는 한편, 또 서상륜에게 전달하려고 6천 권의 성경을 선편(船便)으로 보내었으나, 인천 세관에서 발각되어 압수당하였다. 그러나 세관 고문으로 있던 독일인 뮐렌도르프(Mollendorff)의 도움으로 무사히 찾아 사용하게 되었다. 이와같이 많은 어려움들 가운데서도 한국 땅에 성경을 전하려는 뜨거운 열정은 막을 수 없었다. 로스(Ross) 목사의 성경 출판사업에 동역했던 백홍준(白鴻俊, 한국교회 최초의 장로)은 중국에서 의주로 돌아올 때에 성경을 한 장씩 뜯어 꼬아서 노끈으로 만들어 짐을 짊어지고 와서는 다시 펴서 책을 만들어 전도하다가 봉천 감옥에 수감되어 2년간 옥고를 치르던 중에 개신교 최초의 순교자가 되었다」(성경 형성의 역사, 원용국 박사 저, 참고).

6) 이수정

이수정(李樹廷)은 임오군란(壬午軍亂, 고종 제19년에 군대가 일으킨 병란, 1882) 때에 위기에 빠진 민비(閔妃, 명성 황후)의 생명을 구해준 것이 계기가 되어, 1882년 수신사 박영효(朴泳孝) 일행에 끼어 일본으로 가게 되었다. 일본에 건너간 이수정은 일본 농학자 쯔다센(律田仙)에게 농학을 배우면서 기독교에 대한 관심을 가지게 되었다. 쯔다센은 당시 일본어에 익숙하지 않았던 이수정에게 한문 성경을 건네주고, 한문을 인용해 성경의 진리를 가르쳐 주었다.

이수정은 김옥균(金玉均)과 민영익(閔泳翊)이 귀국하고, 얼마 후 박영

효가 본국으로 돌아갔음에도 불구하고 쯔다셴 박사 밑에서 농업 기술을 전수 받겠다는 이유로 계속 일본에 남았다. 그러나 그가 남은 진짜 이유는 기독교에 대한 관심 때문이었다. 쯔다셴 박사는 야스카와 토오루(安川亨) 목사를 이수정에게 소개했고, 12월 25일 크리스마스 때 처음으로 츠키지(築地)교회에 나가 신앙생활을 시작하게 되었다. 이수정은 1883년 4월 29일 일본으로 건너간 지 9개월 만에 도쿄의 게츠쵸우(芝霜月町)교회에서 야스카와 토오루(安川亨) 목사로부터 세례 문답을 받은 후, 미국 장로교 선교사 죠지 낙스(George W. Knox)에게서 세례를 받았다.

이렇게 세례를 받은 이수정은 일본 주재 『미국성서공회』 총무였던 헨리 루이스(Henry Lewis)의 요청에 의하여 1883년 4월, 『현토한 한성경(懸吐漢韓聖經, 한문 성경을 우리말로 번역한 것)』 신약을 번역하였는데, 1884년에는 마가복음을, 1885년에는 누가복음을 번역하였다. 현토한한 복음서와 사도행전은 1884년에 출판되었고, 1885년 초에는 마가복음 1천 부가 간행되었으나, 누가복음은 교정까지 했지만 출판되지는 못하였다. 이는 만주에서 로스(Ross) 목사의 누가복음이 3천 부나 인쇄되었기 때문인 것으로 추정된다.

미국교회는 한국 선교를 일찍부터 뜻하였지만, 한국에서 천주교에 대한 박해가 극심한 것과 프랑스와 한국 간의 정치적 불안 상태와 겸하여 이미 1882년에 『한미통상조약』이 체결되었어도 선교에 대한 보장이 없었기 때문에 주저하고 있었다.

이때에 1884년 3월 이수정은 루이스(Lewes)의 이름으로, 같은 해 9월에는 낙스(Knox) 목사의 이름으로 『세계선교평론지』에 한국 선교를 호소하는 글을 올렸는데, 「만약 미국교회가 이 호소를 들어주지 않는다면, 하나님은 다른 길을 통하여 한국에 전도자를 보내시겠지만, 그때에는 미국교회에 화(禍)가 되리라」라고 하였다. 또 자신의 이름으로도 『외국 선교지』에 한국 선교를 호소하는 글을 실었다.

훗날 언더우드(Underwood) 선교사가 한국에 올 때, 동경에 들러 이수정과 두 달간 함께 있으면서 한국말을 배웠고, 저뿐 아니라 아펜젤러(Appenzelle) 선교사와 스크랜톤(Scranton) 선교사도 이수정이 번역한 마가복음을 가지고 1885년 제물포에 상륙하였다.

이수정이 일본에 있는 동안에 1884년 12월 4일, 국내에서는 우정국(郵征局) 피로연에서 개화당 혁명(갑신정변, 甲申政變 고종 제21년)이 일어났으나, 혁명 정부는 삼일천하로 막을 내렸고, 혁명 동지들은 일본으로 망명하게 되었다. 당시 일본에는 20여 명의 한국 유학생들이 있었는데, 이들이 망명자들과 접촉하게 될 것을 꺼린 한국 정부는 학생들의 귀국을 설득하며, 1886년에 박준우를 일본으로 파견하였다.

이때 이수정(李樹廷)은 성경 번역 사업을 중단하고 정치에 관심을 가지고 있던 때였으므로, 이에 응하여 일본에 체류한 지 4년만인 1886년 4월 23일에 귀국하게 되었다. 아마도 그는 민영익(閔泳翊)과의 깊은 교우 관계도 있고, 전년에 언더우드와 아펜젤러가 한국에 들어와 선교 활동을 한다는 소식도 들었기 때문에, 비록 그 자신이 일본에서 기독교 활동을 했다고 하여도 별일이 없으리라고 생각했을 것이다. 그러나 그는 귀국하자마자 체포되어 비밀리에 처형되고 말았다.

이렇게 그는 이슬처럼 사라져 갔지만, 일본에서 했던 『한국 소개』와 『성경 번역』과 『선교 호소』 등으로, 한국교회 역사에 길이 남을 인물인 것이다. 혹자는 이수정을 가리켜 「한국의 마케도냐인」이라고 했다. - 사도행전 16:9, 참고-

3장 | 개신교(Protestant) 선교 문호를 개척한 선교사들

1) 한국선교에 대한 호소

쇄국정책을 쓰던 한국은 일본과의 수호조약(고종 13년, 1876)을 맺었고, 또 미국(1882), 영국(1882), 프랑스(1886) 등과도 통상조약이 체결되었으므로, 이제 국제 문호가 열려 선교할 수 있다는 전제하에 일본과 중국에 있는 선교사들이 한국선교를 호소하게 되었다.

① 일본 선교사들의 한국 선교호소

일본에는 한국 유학생들이 많이 늘어나게 되었다. 이들 유학생들과 일찍부터 교제가 있었던 선교사는 미국 감리교회의 로버트 매클레이(Rovert Maclay), 미국 성서 공회의 헨리 루미스(Henry Loomis), 장로교회의 죠지 낙스(George W. Knox) 등이다.

이 선교사들은 한국 학생들 대부분이 학구열과 정치 망명을 겸하였기 때문에 그들을 기독교계 학교로 인도하여 영어도 가르쳐 주고, 전도(傳道)도 하면서 한국 선교 문호 개방과 그 시기를 탐지하고 있었다. 그리고 이 선교사들은 본국의 선교부와 성서 공회본부에 청원서를 보내어 한국에 선교사업을 시작해 줄 것을 호소하였다. 동시에 장로교의 낙스(Knox) 목사도 본국 선교부에 한국 선교를 호소하는 서한을 보냈다.

② 중국 선교사들의 한국 선교호소

중국에 주재한 선교사 길버트 리드(Gilbert Reed) 목사도 1884년 4월 14일부터 지프에서 선교본부에 한국 선교를 호소하는 편지를 보냈다.

③ 이수정의 호소

앞에 제2장- 6) 에 기술한 내용을 참고할 것.

④ 미국교회의 움직임

미국 안에서도 한국 선교의 필요성을 인식하고, 그 시작을 종용하는 인사가 늘어나기 시작하였다. 1882년 한, 미 수호통상조약이 체결된 후, 민영익이 전권 대사(大使)로 1883년 6월 미국에 갔을 때 체스터 앨런 아서(Chester Alan Arther, 미국 제21대) 대통령을 예방하고, 서부로 횡단하는 기차 속에서 볼티모어에 있는 『가우처 여자대학교』 학장인 존 가우처(John F. Gaucher) 박사를 만나게 되면서 가우처 박사는 한국의 사정을 알게 되었다.

그는 한국 선교에 깊은 관심을 가지고 감리교 선교부에 2천 불을 보내며, 한국 선교를 호소하였고, 또 일본에 있는 매클레이(Maclay)

선교사에게 편지하여 한국 선교의 가능성 유무를 현지 답사한 후 알려줄 것을 요청하였다.

이렇게 가우처(Gaucher) 박사의 호소가 있었고, 일본 주재 낙스(Knox) 선교사와 이수정의 호소가 있었음에도 미국 감리교와 장로교는 다 같이 한국 선교에 대하여 오랜 시간 주저하였다. 미국교회가 한국이 선교지임을 알면서도 선교의 시작을 늦추었던 것은 이유가 있었다.

그것은 천주교회가 한국에 들어온 후의 역사가 피로 얼룩진 참혹한 수난의 자취임을 잘 알고 있었고, 1866년 병인교난(丙寅敎難, 고종 제3년) 때 12명의 프랑스인 신부 중에 9명이나 희생자를 내었던 사건으로 인해 프랑스 정부가 격노하여 사령관 로제(Roge) 제독의 함대가 언제 한국을 공격할지, 그 시기를 다투는 불안한 정세 아래에서 선교사를 한국에 파송한다는 것은 마치 섶을 지고 불 속으로 뛰어드는 위험천만한 일로 여겨졌기 때문이었다.

그러나 한, 미 조약체결 이후 한국이 미국에 대하여 매우 우호적이었던 이 기회를 놓친다는 것을 매우 안타깝게 여기는 인사들이 있었다. 그중에 한 사람이 선교부 이사 중의 한 사람이었던 맥 윌리엄스(Mc-Williams)이다. 그는 자기 교회 목사인 엘튼우드(Elltonwood)의 즉각적인 선교 역설에 공감하고 1884년 2월, 4월, 5월 석 달 동안에 6천 불을 선교부에 보내며, 한국 선교의 시작을 부탁하였다.

또한, 다른 곳에서도 선교 후원금이 잇달아 들어왔다. 이렇게 되자, 미국 선교부도 한국 선교를 결정하고 한국에 파송할 선교사를 물색하게 되었다.

2) 한국에 입국한 선교사들

① **호레이스 알렌**(Horace N. Allen)

미국 장로교 선교부는 젊고 유능한 의사 존 헤론(John W. Heron)을 1884년 봄에 한국 선교사로 임명하고 당분간 일본에 가 있으면서 어학(語學)을 배우며 때를 기다리도록 했다. 그 사이 중국에 의료 선교사로 파송되었지만, 1년간이나 적당한 임지를 찾지 못하던 알렌(Allen) 선교사가 앞서 한국에 들어왔는데, 그는 미국 장로회 소속 의료 선교사였다.

알렌은 1884년 9월 22일 서울에 도착하여, 그 이튿날인 23일에 미국 공사관인 푸트(Foote) 장군을 방문하여 요담(要談)을 하고 미 공사관 관의(官醫)로 공식 채용이 되었고, 그 후 영국 공사관 관의로도 임명되었으며, 여러 외국기관의 부속 의사로 임명되었다. 알렌은 후에 푸트(Foote) 장군의 알선으로 국왕(고종)을 예방하였을 때 국왕이 외국 선교사가 아니냐고 묻자, 그는 공사관 소속 의사라고 대답하였다.

알렌(Allen)은 외국 공사관들의 공의(公醫)로 매우 바빴지만, 한국어를 배우는 데 열중하여, 첫 번째 어학 선생으로 이하영(李夏榮)에게 공부를 하였고, 이하영은 후에 워싱톤(Washington) 주재 한국 대리공사가 되었다. 두 번째 어학 선생은 노도사(盧道士)로 알려진 노춘경(盧春京)이였다.

1884년 12월 4일 갑신정변(甲申政變, 고종 제21년, 우정국 사건)이 일어났을 때, 알렌 박사는 노도사(노춘경)가 자기 책상에 있는 한문 신약성경, 복음서를 읽는 것을 발견하였다. 알렌(Allen)이 들키면 목이 달아난다고 말하였으나, 노도사는 알고 있다고 하면서도 계속 성경을 숨어서 읽다가 1886년 7월 18일 주일에 세례를 받고 신자가 되었는데, 한국인으로는 최초로 한국 땅에서 세례받은 교인인 것이다. 그것은 당시 상황에서 세례를 준 선교사(언더우드)나, 세례받은 노춘경(노도사) 모두 위험스러운 성례였다.

갑신정변(甲申政變, 1884)은 구한말에 정치제도를 혁신하고 사상과 풍속을 개화시켜 자주독립 국가를 세우려 하였던 김옥균, 박영효, 서광범, 홍영식 등의 개화당(開化黨) 혁명가들이 민비(閔妃, 명성 황후)를 비롯한 수구파들을 우정국(체신 사무를 맡아보던 관아) 피로연에서 다 암살하고 일대 혁신을 일으키고자 정변을 일으킨 사건이다.

개화당이 제거하려던 중요한 인물은 민영익(閔泳翊, 민비의 조카)이었다. 민영익은 보수파 중에서도 가장 머리가 영민하고 해외 여러 나라를 순방하면서 개화사상을 가졌던 동지적 사람의 하나였음에도 불구하고 국내에 들어오자 보수 정권의 권력을 놓지 못하고 돌아섰던 인물인 까닭이다.

개화당(開化黨) 혁명은 삼일천하로 끝이 나면서 실패하였지만, 민영익은 중상을 입었고, 민영익의 치료를 위해 서울 장안에 명의라는 14명의 한의사들이 동원되었다. 하지만 쏟아지는 피를 멈추게 할 수 없어서 목숨이 위태롭게 되었을 때에 의사 알렌(Allen)이 3개월 동안 온갖 정성을 다하여 완쾌시켰다. 이 일로 국왕은 알렌을 시의(侍醫: 궁중에서 임금과 왕족의 진료를 맡은 의사)로 선정하게 되었고, 이 소문이

퍼지면서 일반 시민들이 많이 찾아오게 되자, 국립병원으로 광혜원(廣惠院, 1885)을 세우고 알렌을 원장으로 추대하였다. 후에는 제중원(濟衆院, 백성을 구제한다는 뜻)으로 이름을 바꾸었고, 알렌(Allen)이 단독으로 운영하다가 점차 발전하여 지금의 『세브란스병원』으로 연세대학교 의료원이 되었다.

알렌(Allen)은 선교정책에 있어서 매우 신중하였다. 국금(國禁)을 범하고 선교하는 것을 몹시 꺼려했던 것이다. 1888년 4월 28일 금교령(禁敎令, 포교를 금하는 왕의 명령)이 내려지자 알렌은 순회 전도에 나갔던 언더우드(Underwood)를 소환하고, 이 금령의 발표는 경거망동의 순회전도가 그 근본적인 원인이 되었다고 지적하면서 당분간 의료사업과 교육에 치중할 것을 당부하였다. 이런 일로 감리교 선교사들이 알렌을 싫어한 것은 더 말할 것도 없고, 제임스 게일(J. Gale) 선교사도 「내 생각에는 이 알렌(Allen)의 이름을 선교사의 명부에서 아예 빼버려야 한다」라고 까지 말하였다.

알렌(Allen) 선교사는 1905년 한국을 떠났다. 그러나 알렌 의사는 본격적인 선교 활동은 못하였으나, 의료 선교사로서 많은 공을 세운 한국 최초의 장로교 선교사였다.

② 호레이스 그랜트 언더우드(Horace G. Underwood)

한국 선교 개척을 위한 신학교 연맹이 1883년 10월 콘넥티커트(Connecticut) 주 하드포드에서 열렸을 때에 한국 개척 선교사가 될 두 사람이 참석하였다. 그중 한 사람이 언더우드(Underwood)요, 또 한 사람은 아펜젤러(Appenzeller)였다.

언더우드는 1859년 7월 19일 영국 런던에서 출생하였고, 10살 때에 아버지를 따라 미국으로 이민을 왔다. 그는 뉴 저어지(New Jersey) 시에 있는 하스부룩(Hasbrouck) 학원에서 대학 교육을 받고 뉴욕 대학(New York University)을 1881년에 졸업하였다. 그리고 뉴 저어지 주 브룬스위크(Brunswick)에 있는 미국 화란계 개혁신학교를 1884년에 졸업하였다.

그는 재학 시절부터 인도 선교사를 희망하였으므로, 신학교 졸업 후 미개한 인도 선교사의 요건을 갖추기 위해 의학 공부를 하던 중, 모교 신학교를 대표하여 신학교 연맹에 참석했던 것이다. 이 회의에 참석한 앨버트 올트먼스(Albert Oltmans) 학생은 1882년과 1883년 선교 지망생들을 모아 놓고 최근 서양 각국과 조약을 맺고 있는 한국에 관하여 준비한 글을 읽으면서 「2천 2, 3백만이 사는 이 나라에 선교 개척을 위하여 온 교회가 기도해야 할 것과 또 슈베르트(Schubert) 제독이 한, 미 조약체결로 문호가 개방되어 있는데도 1여 년을 허비했다」라는 흥분한 어조로 연설을 하였다.

언더우드는 이 연설을 듣고 자신은 이미 인도에 가기로 결정되었으나, 한국에도 꼭 선교사가 가야 되겠다는 생각을 하고 한국에 갈 선교사를 찾아도 보고 선교기관에 탐문도 하여 보았으나, 어느 누구 하나 움직이지 않았고, 그의 의학 공부 1년이 끝나도록 한국 선교는 지망자가 나오지 않았다.

언더우드는 인도에 갈 준비를 갖추고 있었으나, 아직 길이 열리지 않아서, 어느 교회의 청빙을 수락한다는 편지를 써 우체통에 넣으려는 순간 「어느 누구도 한국으로 가려고 안 한다. 한국에 가면 어떤

가?」라는 분명한 메시지가 들려 왔다. 이때 언더우드(Underwood)는 그 편지를 찢어 버리고 자기 소속 선교부로 가서 선교지 변경 청원서를 냈다.

그리고 1884년 7월 28일 드디어 한국 선교사로 임명을 받았다. 그는 그해 12월 16일 샌프란시스코에서 일본행 기선(汽船)을 타고 다음 해인 1885년 1월 일본에 도착하였다. 일본에 2개월간 체류하는 동안 일본에 와 있던 이수정을 만나 한국어를 학습하는 등, 교제를 두텁게 하다가 이미 이수정(李樹廷)이 번역한 마가복음을 끼고 그해 4월 5일 인천항에 상륙하였다.

그는 이 땅에 와서 새문안교회 설립을 비롯하여 전도 여행과 개척 교회 원조 등 여러 가지 초교파적 연합사업, 성경 번역과 찬송가 출판사업, 조선 전도 문서회, 조선기독교 교육협회 회장 등을 역임한 일과 연희전문학교를 설립하고 교장직을 시무한 일, 선교사로, 성경 번역자로, 저술가로, 편집인으로, 교육자로, 목회자로서 한국교회 설립의 각양 분야에서 위대한 공적을 남기고 정년 은퇴로 본국에 귀국하여 뉴 저어지 아틀란틱(Atlantique)에서 여생을 한국교회 발전을 위하여 기도하다가 1916년 10월 12일 세상을 떠났다.

③ 헨리 거하드 아펜젤러(Henry G. Appenzeller)

아펜젤러는 1858년 2월 6일 펜실베니아 주 손더튼(Sonderton) 독일계 개혁교회 가정에서 태어났다. 1876년 10월 6일 은혜를 체험하였으나, 랭커스터(Lancaster)의 프랭클린 앤 마샬(Franklin and Marshall) 대학교 재학시절, 1879년 4월 20일 감리교로 교적을 옮겼다. 그리고 1882년 이 대학을 졸업한 후, 뉴 저어지 두류(Drew) 신학교에 입학하였다. 대학교 1학년 때 선교에 대한 관심을 가지기 시작한 아펜젤러는 신학교에 다니면서 선교사가 되려는 결심을 깊이 하고 일본을 선교지로 생각하였다.

그러나 한국 선교를 희망하던 동급생이 가정 사정으로 부득이 한국 선교를 단념하게 되자, 그 대신 자기가 한국으로 갈 것을 결심하고 감리교 선교부에 지원서를 제출하였다. 1884년 아내와 신혼여행 중에 선교부로부터 임명장을 받았고, 이어 샌프란시스코에서 감독 파울러(C. H. Fowler)에게서 목사안수를 받았다.

1885년 4월 5일 부활 주일에 언더우드와 아펜젤러 부부가 제물포에 상륙할 때 「이날 무덤의 문을 깨치신 그가 빛과 자유를 이 나라에 가져다 주소서!」라는 아펜젤러의 기도 가운데, 그의 아내가 제일 먼저 상륙하였다. 그러나 미국 공사관 푸트(Foote) 장군은 그의 아내가 만삭(滿朔)의 몸이고 한국 정세도 불안하니 일본으로 다시 건너가서 순산을 한 후에 올 것을 권면하였고, 며칠 후 일본으로 건너갔다가 동년 6월에 다시 한국으로 돌아왔다.

아펜젤러(Appenzeller)는 『한국선교회』 창립부터 관리장으로 봉사하였고, 1886년에 배재학당을 세우고 교장으로 봉직하였다. 또한, 서울 주재 외국인 연합교회 목사로 시무도 하였다. 성경 번역 위원으로도 오래 봉사를 하던 중, 1902년 6월 12일 목포에서 열리는 성경 번역 위원회에 참석하기 위해 제물포에서 배를 타고 목포로 가던 중에 서해안 어청도 인근에서 일본 기선(汽船)『구마가와 마루』호와 충돌하여 배가 가라앉게 되었으나, 그는 구조되어 『마루』호에 옮겨 탔다. 그런데 가라앉고 있는 배에 그의 한국인 서기와 이화 여학생 2명이 남은 것을 보고, 그들을 구하려고 다시 가라앉는 배로 건너갔고, 그들을 구조하는 데는 성공했지만, 안타깝게도 자신은 기력이 소진되어 바다에서 순직하고 말았다. 이때 그의 나이는 44세였다.

그는 직무 수행을 위하여 목포 항해 도중 해난사고로 파도 속에 휘말려 사라져 갔으나 배재학당에 영원히 살아 있고, 그의 희생적 봉사는 한국교회에 영원히 빛날 것이다.

④ **윌리엄 스크랜톤**(William B. Scranton)

스크랜톤은 1856년 5월 29일 콘넥티컷(Connecticut) 주 뉴헤븐(New Haven)에서 출생했다. 예일 대학을 졸업한 후 뉴욕에 있는 의과대학에서 의학전문 교육을 받고, 오하이오(Ohio) 주에서 2년 동안 의사로 일을 하다가 1884년 12월 4일에 목사 안수를 받고 한국 의료 선교사로 임명되었다. 한국에 들어와 알렌(Allen) 의사와 동역하다가 견해의 차이로 인해 병원을 차려 독립해 나가게 되었고, 모친인 메리 스크랜턴(Mary Scranton) 여사는 이화학당(梨花學堂, 이화여자대학교 전신)을 세우고 우리나라 최초의 여성 교육을 시작한 공을 세웠다.

4장 | 선교 운동의 진전

1) 입국하는 각 교파의 선교사들

① 성공회 선교사의 입국

한국 최초의 의료 선교사 알렌(Allen) 박사가 1884년 9월에 입국하여 각국 공사관 공의로 일자리가 정해진 후, 가족을 데려오기 위해 상해로 갔다가 한국으로 돌아오는 길에 영국 성공회 선교사 울프(J. R. Wolfe) 신부가 함께 왔다. 그는 중국 복주에서 선교 활동을 하던 중 건강이 좋지 않아서 전지요양으로 조선에 오게 되었다.

울프(Wolfe) 신부가 조선에 와서 느낀 감상은 조선은 중국과 같이 잔인한 전족(纏足: 여자의 발이 자라지 못하도록 어릴 때부터 헝겊으로 동여매는 것)도 없고, 도적이 난무하는 악습도 없으나, 사신우상(邪神偶像)을 많이 숭배하는데 놀랐으며, 참 종교인 기독교가 필요하다고 생각하게 되었다. 그리고 복주에 돌아가서 『남지나 선교회 연회지방대회』 석상에서 조선 방문 실태를 보고하면서 조선 선교의 필요성을 역설하였다.

이때에 중국인 목사 1인과 전도사 2인이 한국 선교를 자원하여 나섰고, 이들을 조선에 파송해 줄 것을 본국 선교부에 호소했으나 반응이 없었으므로, 이들의 재정 지원은 복주지역 교회와 호주에서 하게 되었다.

1885년 11월 말 울프(Wolfe) 신부는 2인의 전도사와 함께 부산에 와서 선교를 일임하고 돌아갔다가 1887년 가을에 다시 울프가 일본 주재 테스(Teth) 감독, 중국 주재 스코트(Scott) 감독과 함께 부산에 와서 전도 실적을 살폈는데, 중국 전도자들은 공적(公的)으로 전도할 수 없게 되어 있어서 사사로이 식자(識者)층들과 사귈 뿐이었다.

그 후에 울프(Wolfe) 선교사는 세 번째 부산을 방문하고 오스트리아에 편지하여 조선 선교를 호소하였다. 이 호소가 맥카트니(H. B. Macartney) 목사에 의하여 호주 빅토리아 지방에 발표되었다. 이에 앞서 1883년 중국 주재 선교사 버든(Burden), 뮬(Moule), 스코트(Scott) 세 감독이 공동으로 캔터베리(Canterbury) 대 감독에게 조선 선교를 호소하였다. 캔터베리 감독은 이들의 호소 편지를 국교 선교회에 전했지만, 호응이 없었고 『복음 외국선교회』가 이에 호응하여 1890년에 코페(Corfe) 감독을 조선에 파송하여 선교에 착수하게 되었다.

② 호주 선교사들의 입국

울프(Wolfe) 선교사의 호소에 의하여 움직여진 호주 빅토리아 장로회가 헨리 데이비스(Henry Davies) 목사와 그의 누이 메리 데이비스(Merry Davies)를 1889년 10월 조선으로 파송하였다. 데이비스 목사는 본래 인도 선교사였으나, 건강 관계로 되돌아와 멜버른(Melbourne)에 학교를 세우고 일하던 중에 빅토리아 장로교 청년회의 지원으로 한국에 오게 된 것이다.

서울에서 약 5개월간 머물다가 선교지 탐색을 위해 경남 지방으로 전도 여행을 떠났다. 그러나 아깝게도 천연두로 인한 폐렴으로 인하여 게일(J. S. Gale) 선교사의 집에서 1890년 4월 5일, 세상을 떠나고 말았다. 그의 죽음은 호주 교회의 한국 선교에 대한 새로운 관심을 불러일으켰고, 1891년 10월 호주 선교부는 경남 지방을 중심으로 선교 운동에 착수하게 되었다.

③ 남 장로회 선교사들의 입국

1891년 10월 언더우드(Underwood) 선교사가 첫 안식년으로 귀국하여 내슈빌(Nashville)에서 모인 『외국선교 신학교연맹』에서 조선 선교를 열심히 제안하였고, 이때에 미국 유학생이던 윤치호(尹致昊)도 조선 선교를 호소하였다.

이때 조선 선교를 위해 깊은 관심을 품은 세 학생이 있었는데, 멕코믹 신학교의 카메론 존슨(Cameron Johnson)과 윌리엄 위비스(William Wavis), 레이놀즈(W. D. Reynolds)였다. 이들은 선교부 실행위원회에 조선 선교를 각기 지원하였으나 기각되었다.

그러나 실망하지 않고 조선 선교의 유세를 벌이며, 언더우드를 청하여 유력한 교회들을 찾아 호소하는 한편, 선교 기관지인 『선교지』 1892년 2월호에 호소문을 실었다. 그 내용은 「조선 왕실에서 선교의 호의를 갖고 있으며, 조선에는 기독교를 대항할만한 종교가 없고, 급진적 교회발전에 대해 선교사의 수가 부족하다」라는 절실한 요구를 실었다.

이에, 남 장로교 선교부는 1892년 초에 실행위원회를 열고 전기 지망자 3인을 선교사로 임명하게 되었다. 이외에도 Miss 매티 테이트(Mattie Tate), Miss 키니 데이비스(Kinnie Davis), Miss 모리 레그번(Mory Legburn), Miss 패스티 볼링(Pasty Bolling) 등이 합세하였다.

그러나 여러 사정과 질병 등의 이유로 출발이 지연 되었으나, 제일 먼저 데이비스(Davis) 양 만이 1892년 10월 2일 서울에 도착하였다. 이때 날이 저물어 성문은 이미 닫혔으므로, 밧줄로 40자나 되는 성벽을 타고 들어왔다.

다른 이들은 11월 3일 제물포에 도착하였고, 이들은 얼마 동안 서울에서 한국말을 익힌 후, 전라도를 선교지로 정하고 활동하였다.

④ 캐나다 장로회 선교사들의 입국

한국에 처음 들어온 캐나다 선교사는 윌리엄 매켄지(William J. Mckenzie)이다. 그는 대학 졸업 후 레브라도(Labrador)에서 1년 6개월 동안 전도하였고, 목사안수를 받은 후 고향에서 2년간 목회를 하였으며, 한국 선교를 위하여 의학을 공부하였다. 한국으로 가서 노동을 하면서라도 선교를 하겠다고 다짐을 한 후, 목회하던 교회에서 사임할 때에 받은 100불을 선교본부에 내어놓으며, 한국에 선교사로 보내줄 것을 요청하였다. 그러나 선교본부는 한국 선교계획이 없다고 거절하였다.

그러나 그는 뜻을 굽히지 않고 캐나다 동북 지방을 순회하며 한국 선교를 호소하였다. 다행히 1년간 노력을 한 결과 선교비가 마련되었고, 그는 1893년 10월 독립 선교사로 캐나다를 떠나, 다음 해 2월 서울에 도착하였다. 서울에서 근 1년을 머물면서 한국어와 한국 풍습을 배우고, 다음 해인 1895년 1월에 서울을 떠나 황해도 솔내(소래)에 가서 한국식 생활을 하면서 교역에 종사하였다.

그는 당시 조선에 온 선교사들과는 다른 선교방식을 택하였다. 많은 불편과 어려움에도 불구하고 조선인들의 삶의 방식을 따라 조선 사람의 한복을 입고, 또한 같은 음식을 먹고 마시며, 동화(同化)되어 전도하고 헌신하려는 노력을 소홀히 하지 않았다. 이러한 열정으로 솔내에 학교를 세우고 교인들과 함께 교회당 건축을 하는 등의 격무를 수행하던 중, 일사병과 신열로 인한 고통으로 신음하다가 정신착란을 일으켜 안타깝게도 1895년 7월 23일, 자신의 권총으로 목숨을 끊고 말았다.

그의 마지막 일기에는 당시의 고통이 고스란히 담겨져 있다.

6월 23일(토요일)

『… 잠을 잘 수도 없고 밖으로 나갈 수도 없다. 너무 약해졌기 때문이다. 오늘 오후에는 전신이 추워지는 것을 느꼈다. 옷과 더운 물 주머니가 있어야겠다. 땀을 내야겠다. 조금은 나은 듯하기도 하다. 죽음이 아니기를 바란다. 내가 한국인들과 같은 방식으로 살았기 때문에 이렇게 되었다고 말하게 될 많은 사람들을 위해서이다. 내가 조심하지 아니하였기 때문일 것이다. 낮에는 뜨거운 햇볕 아래서 전도하고 밤이면 공기가 추워질 때까지 앉아 있었기 때문인 것이다. …내 마음은 평안하며 예수님은 나의 유일한 소망이시다. 하나님은 모든 것을 이루신다. 몸이 심히 고통스러워 글을 쓰기가 너무 힘이 든다』.

그렇게 매켄지(Mckenzie) 선교사는 조선 선교와 솔내교회를 위하여, 격무로 인한 과로와 과다한 햇빛의 노출, 열악한 식생활로 인한 영양결핍과 풍토적 차이로 고생하다가 한국에 온 지 겨우 1년 반, 소래에서의 사역 약 7개월 만에 그의 유언대로 이 한국 땅에 젊음과 함께 뼈를 묻게 되었다.

그러나 그의 선교 실적과 죽음은 헛되지 않고 캐나다 교회에 큰 충격을 불러일으켜 드디어 1898년에 선교사 그리슨(R. Grienson) 의사 부부와 푸트(W. R. Foote) 목사 부부, 맥레(D. M. Macrae) 목사 등이 내한하였고, 그들은 함경도를 선교지역으로 하여 활동을 하였다.

⑤ 침례교 선교사들의 입국

1889년 12월 8일 말콤 펜윅(Malcolm C. Fenwick)이 침례교 독립 선교사로 캐나다에서 처음으로 인천에 상륙하였다. 본래 철물상을 하던 상인으로서 신학은 알지도 못하는 평신도로 무학(無學)의 사람이었다.

그는 나이아가라(Niagara) 사경회를 통해 중국 선교사 허드슨 테일러(Hudson Taylor)에 대한 소식을 듣고 선교에 관심을 가지게 되었는데, 그 무렵 지인(知人)의 부인이 한국에서 복음을 전하다가 옥에 갇혀 교수형을 기다리고 있다는 소문과 함께, 주일날 자기 교회의 목사가 그를 위해 기도하는 것을 듣고는 깊이 마음에 느낀 바 있었다. 이것이 그가 한국 선교에 나서게 된 직접적인 동기가 되었다.

그러나 그는 조선이 지중해의 한 섬으로만 생각할 정도로 조선에 대해서 알지 못하였고, 정규 교육을 받지 못한 무학(無學)과 신학(神

學) 교육이 없었던 그는 선교에 주저하였으나, 「아무리 부족한 사람이라도 하나님이 함께하시면 선교할 수 있다」라는 인도 선교사 윌더(Wilder)의 간증을 듣고 용기를 얻어 28세의 청년으로 한국에 온 것이다.

약 10월간 서울에서 한국어 공부를 해 보았으나, 한국 사람 속에 직접 들어가지 않고는 한국말을 배운다는 것이 무척 어렵다는 것을 알았다. 그래서 그는 솔래에 가서 1년간 서병조의 집에 머물며 한국말을 배워 전도하게 되었다.

1893년 그는 미국에 가서 『한국순회 선교회』를 조직하였다. 유명한 중국 선교사 허드슨 테일러의 『중국 내지 선교회』를 본딴 것이다. 그리고 목사 안수를 받고 1896년 한국에 다시 돌아와서 맹렬히 전도 활동을 하였다. 이즈음에 미국 보스턴에 있는 클라렌돈(Clarendon) 교회의 『엘라 씽(Ella Thing) 기념선교회』에서는 폴링(E. C. Pauling) 목사와 스테드만(F. W. Stedman) 교사 부부, Miss 가델라인(A. Gardeline), Miss 엘머(A. Ellmer)를 한국에 파송하였다.

이들은 충남 공주 및 강경에 주재(駐在)하면서 선교를 하였으나, 독립 선교단의 재정적 뒷받침이 여의치 않아 수년간 전도하던 지역을 펜윅(Fenwick) 선교사에게 넘겨주었다. 그러나 펜윅은 선교부를 이들의 활동 지역에 두지 않고 원산으로 옮겨 그곳을 중심으로 선교 활동을 하였다.

⑥ 남 감리교 선교사들의 입국

미국 남 감리회 한국 선교의 배후 역할 자는 윤치호(尹致昊)이다. 그는 갑신정변(甲申政變, 1884년 12월, 우정국 사건)이 실패하면서 주동자 김옥균(金玉均)이 일본으로 망명을 하자 자신의 신변에 위험이 뒤따를 것을 우려하던 중, 평소 자신을 총애하던 미국 공사관 푸트(Foote) 장군이 미국으로 귀국하게 되자, 그와 동행하여 상해로 갔다.

푸트(Foote) 장군은 상해주재 미국 공사에게 윤치호의 소개장을 써 주었고, 그의 주선으로 윤치호는 중서서원(中西書院, 알렌 선교사가 1881년 상해에 세운 기독교 학교)에 입학하여 수학하는 동안 예수를 믿고 1887년 4월 3일에 세례를 받았다. 그리고 벤더빌트(Vanderbilt) 대학교 신학부에서 신학을 마치고, 1890년에는 에모리 대학(Emory College)에 입학하여 영문학을 전공한 후에 1893년 3월 31일 상해로 돌아오면서 학장 캔들러(Candler) 박사에게 「내가 공부하면서 모은 돈 200불을 보내오니 이 돈을 기초로 한국에 기독교 학교를 세워 주시되, 만일 내가 상해로 갔다가 속히 한국으로 가게 되면 내가 세우도록 할 것이요, 나보다 먼저 한국으로 가는 이가 있거든, 그를 통하여 세우되 5년이 지나도록 못 하게 되면, 그 돈은 자유 처리하시오.」라는 내용의 한국 선교를 부탁하는 편지를 보냈다.

윤치호는 같은 해인 11월 14일 상해로 건너와서 모교인 중서 서원(中西書院)에서 교수로 취임하였다가, 그 후 1895년 11월 4일 서울로 돌아왔다. 그는 『중서서원』 원장 알렌(Y. J. Allen, 임락지) 박사와 에모리 대학교 캔들러(Candler) 학장에게 한국 선교를 호소하였는데, 드디어 북경에 주재한 남 감리교 선교사 핸들릭스(E. R. Hendrix) 감독과 레이드(C. F. Reid, 이덕) 목사가 1895년 10월에 내한하여 실정을 살핀 후, 1896년 초에 레이드 목사가 한국 선교사로 부임하였고, 다음 해인 1897년 5월 한국교회는 중국 지방 구로부터 독립하여 레이드(Reid) 목사가 감리사로 부임하였다. 그로부터 교세는 날로 확장되어 갔다.

⑦ 제7일 안식교의 한국 입국

제7일 안식교의 한국 입국 경로는 1903~1905년 사이에 하와이로 이민 가는 사람이 많았는데, 그중에 이응현과 손흥조가 있었다. 이들은 일본 고베에서 하와이로 가는 수속을 하던 중 안식교회에 나가기 시작했다.

이응현은 예정대로 떠났으나, 손흥조(孫興祚)는 수속 서류 미비로 되돌아오게 되었는데, 그때 한배에 탔던 용강 사람 임기반(林基盤)과 동행하게 되었고, 10여 일간 선실에 동거하는 동안 그의 전도로 믿게 되었다. 임기반은 하와이의 사탕 개발회사에 취직한 한국 교포들의 계몽 지도원으로 갔다가 돌아오는 길이었는데, 손흥조는 인천에 상륙하였다가 경상도로 가서 전도하였고, 임기반은 고향인 용강에 가서 전도하였다.

그러나 성경과 교리의 지식이 없는 임기반은 교우들과 연서하여 일본에 있는 안식교 구니야(國谷秀) 전도사를 초청하였다. 1904년 8월 10일, 구니야 전도사는 평안남도 진남포에 도착하여 가지고 온 역사서와 만국통감(萬國通鑑, 미국 선교사 쉐필드가 저술한 세계사를 중국어로 번역한 책)을 들어 안식교 교리를 역설하였다.

주 후 321년 콘스탄틴(Constantine) 로마 황제가 일요일을 공휴일로 선포하면서, 주일(主日)이 토요일에서 일요일로 바뀐 사실을 설명하였다. 그 후 안식교의 일본 선교부 책임자 필드(F. W. Field) 목사가 구니야(國谷秀) 전도사의 보고를 받고, 같은 해 9월 13일 진남포에 와서 50일간 머물며 전도하는 중, 감리교인 30여 명이 거기에 휩쓸려 나가서 교회가 설립되었으므로, 안식교와 감리교가 서로 예배당을 공동으로 사용하다가 이 예배당 기금을 거의 감리교인들이 내었기 때문에 안식교인들은 밀려나 단독교회를 운영하게 되었다. 그러나 다수의 교인들을 빼앗긴 감리교회도 운영이 어려워져서 다시 양 교회가 합쳤지만, 그래도 유지가 어려워 결국 장로교회로 넘어가고 말았다.

⑧ 동양 선교회의 한국 선교

『동양 선교회』창설자 카우만(C. E. Cowman)은 본래 전신기사로 부인의 감화를 받아 예수를 믿고, 무디(Moody) 성경학교에서 공부한 후 부인과 함께 일본으로 건너와 1901년『동양 선교회』를 창설하였다. 그는 친구요 후배였던 킬보른(E. A. Kilbrne)을 1902년에 초청하여 일본에서 전도하는 한편, 1907년 한국에도 선교하게 되었다.

처음에는 교파(敎派)의식을 초월하여『동양선교회 복음전도관』을 세우고 북을 치면서 전도하고, 낮에는 전날 밤 전도한 사람들을 찾아가서 가르치며, 가까운 교회로 출석하도록 하다가 후에 교파교회로 돌아서서『조선예수교 동양 선교회 성결교회』로 간판을 걸고 새로운 교파(敎派) 교회를 형성하였다.

한국 사람으로서 최초로 전도 운동에 나선 이들은 일본『성서학원』에서 공부한 김상준(金相濬)과 정빈(鄭斌)이었고, 교세가 날로 확장되자, 1910년에는 킬보른(Kilbrne)이 총리로 취임하였다. 그러나 의사소통이 잘되지 않고 총리 체제로는 교회 간 화합이 어려워지자 고문제(顧問制)를 채택하여 초대 고문으로 이명직(李明稙), 이명헌(李明憲), 부릭스(Bricks) 부인 3인을 추대하게 되었다. 1911년부터는 『성서학원』을 세우고 교역자를 양성하면서 교파교회의 기초를 다지게 되었다.

⑨ 구세군의 한국 선교

구세군의 창설자인 윌리엄 부스(William, Booth) 대장이 1907년 일본을 방문하였을 때, 거기서 한국인과 접촉을 하게 되면서 한국에 관심을 가지게 된 그는 귀국하자 곧 네일톤(Nailton) 부장을 한국에 파송하여 선교 개척 여부를 탐사하게 하고, 1908년 10월 8일에 호가드(C. R. Hoggard) 정령과 번위크(Bunweek) 부령, 그 외 2인을 함께 파송하여 구세군 사업을 개시하였다.

☞ 참고. (구세군에서 정령(正領)과 부령(副領)은 군대로 하면, 대령, 중령과 같은 영관급을 의미하며, 일반교회에서 사용하는 명칭과는 달리 *교회는「영문」, *목사는「사관」, *교인은「군우」, *장로는「정교」, *집사는「부교」라는 명칭을 쓴다.)

주로 지방으로 전도 활동을 하며, 경기도 장단, 전주, 강경, 공주, 군산, 영덕, 개성, 해주, 함경도 등지로 교세를 확장하였고, 1909년에는 서울, 충청, 전라, 서북 지방회를 조직하고 지방마다 선교사를 배치하였으며, 주로 농촌 전도에 주력하다가 점차 도시로 진출하였다. 교회 기초가 잡힌 1909년에는 『구세군 신문』을 발행하기 시작하였고, 1910년에는 1년 과정의 사관양성소와 1911년에는 구세군 소년 사업을 시작했으며, 1912년에는 『구세군가』를 출판, 1915년에는 구세군 본영을 평동에서 현 신문로1가로 옮기고 사업을 확대하여, 1917년에는 여자 사관을 양성하기 시작했으며, 1919년 3. 1운동 당시에는 1백여 처의 군영(軍營)으로 획기적인 발전을 이루었다.

5장 | 선교사 공의회의 선교정책

1) 선교지역 구분

장로교, 감리교 양 교단 입국 외에 9개 교파가 작은 나라인 한국에 모두 들어오다 보니, 각 선교부의 교파 간 차이로 인한 피차간에 물의가 있을 것으로 염려하여, 남 감리회와 북 감리회가 연합체의 구성을 모색하였으나 성사되지 못하였다.

그러나 장로교 선교부들은 1889년에 미국 북 장로교 선교부와 호주 선교부는 경상남도 낙동강 이남을 선교지로 정하였다. 이때 미국 남 장로교 선교부는 불참하였으며, 1890년에는 영국 성공회 선교부가 선교사 공의회에 가입하여 강원도를 선교지로 정하였다.

1893년 1월 28일 장로교 정치를 채용하는 선교부들이 장로교 공의회(公議會)를 조직하였는데, 이를 『선교사 공의회』라고 하였다. 이 회는 치리권은 없고 친목, 토의, 권고 등을 목적으로 하였다. 이 회의에서 각 선교 구역을 정하였는데, 북 장로교 선교부는 평안도, 황해도, 경기도, 충청도, 경상도, 낙동강 이북으로 하였고, 남 장로교 선교부는 전라도, 충청도였다. 또한, 남 감리교 선교부는 서울, 경기도, 강원도였으며, 캐나다 선교부는 1898년에 가입하고 함경도를 선교지역으로 정하였다.

한편, 전부터 북 장로회와 호주 장로회가 함께 부산을 근거지로 선교하였으나, 공의회의 협의로 낙동강 이남은 호주 선교부가 맡기로 하였고, 북 장로교 선교부는 그 이북을 맡기로 하였다.

1892년에는 북 장로교 선교부와 북 감리교 선교부가 선교 구역을 협의하여 5천 명 이상 인구의 주요(主要) 도시는 두 선교부가 함께 선교사업을 하고, 그 이하 지역은 이미 개척한 선교부가 계속하기로 하였다.

1904년 안식교 선교부는 서울과 평안도를, 1907년 성결교 선교부도 서울과 평안도를, 1908년 구세군은 서울과 경남 등을 각각 선교 구역으로 정하고 피차에 마찰이 없는 범위에서 전도, 혹은 연합 전도, 교육, 의료, 자선사업 등을 펼치게 되었다.

2) 선교정책

1890년 장로교 선교부들로 구성된 장로교 선교 사회는 중국 산둥성(山東省) 지프에서 선교하고 있는 존 네비우스(John Nevius) 선교사를 초청하여 약 2주 동안 선교정책에 대한 토의와 연구를 진행하였다 이때 네비우스(Nevius) 선교사에게 제공받은 선교 방법의 원칙은 다음과 같다.

① 선교사들은 하나, 하나의 복음 전도와 광범위한 순회 전도를한다.

② 자립 선교: 신자 한 사람, 한 사람이 다른 사람에게 성경 교사가

된다.

③ 자립 정치: 모든 신자들은 그들이 선택한 급여를 받지 않는지도자 아래서 (교회가 성장할 때까지) 전도와 교회 경영을 한다.

④ 자립 보급: 모든 교회 건물은 그 교회의 교인들에 의하여 마련되고, 교회가 조직되는 즉시, 전도인의 급여를 지급하기 시작한다.

⑤ 체계적인 성경연구와 모든 활동에서 성경의 중심성을 관철한다.

⑥ 성경의 교훈에 따라서 엄격한 생활훈련과 치리를 한다.

⑦ 다른 교회나 기관과 협력 및 일치의 노력을 계속하며, 최소한도 다른 기관과는 지역을 피차 뜻에 맞게 분할하며, 전도한다.

⑧ 지역과 프로그램의 분할 이후에는 피차 절대 간섭을 하지 않는다.

⑨ 그러나 경제나 그 이외의 문제에 있어서는 항상 넓게 피차 돕는 정신을 가져야 한다.

이상이 대략 요약된 원칙이다. 강력한 자립성과 광범위한 순회 선교, 성경에 대한 압도적인 강조가 그 기조였다.

1893년에는 각국 선교부가 연합하여 선교사 공의회를 결정하였다. 그리고 제1회 공의회에서는 모든 선교부가 공감할 만한 아래와 같은 사항을 결의하였다.

① 상류계급보다는 근로계급을 상대로 하여 전도하는 것이 좋다.

② 부녀자에게 전도하고 크리스챈 소녀들을 교육하는데 특별히 힘을 쓴다. 가정주부들 곧 여성들이 후대의 교육에 중요한 영향을 끼치기 때문이다.

③ 기독교 교육은 시골에서 초등 정도의 학교를 경영함으로써 크게 효력을 낼 수 있다.

④ 장차 한국인 교역자도 결국 이런 곳에서 배출될 것이다.
⑤ 사람의 힘으로만 사람을 개종시키는 것이 아니라, 하나님의 말씀이 하신다. 따라서 될수록 빨리 안전하고도 명료(明瞭)하게 번역된 성경을 이들에게 주도록 해야 한다.
⑥ 모든 종교 서적은 외국 말을 조금도 쓰지 않고 순전한 한국말로 쓰여지도록 해야 한다.
⑦ 진취적인 교회는 자급하는 교회가 되어야 한다. 선교사의 도움을 받는 사람의 수는 될수록 곧 줄이고 자급하여 세상에 공헌하는 그러한 개인을 늘려야 한다.
⑧ 한국의 대중들은 동족의 전도에 의해서 신앙하게 되어야 한다. 따라서 전도를 우리 자신이 나서서 하는 것보다는 전도자의 교육에 진력해야 한다.
⑨ 의료 선교사들은 환자들과 오래 친숙하게 지냄으로써 가르칠 기회를 찾게 되고, 또 깊은 마음의 문제에 골몰하는 모범을 보여 주어야 한다. 시약(施藥)만 가지고는 별 효과를 낼 수 없다.
⑩ 병원에서 치료를 받은 사람은 고향의 마을에 자주 왕래하게 해서 의료 선교사들의 인애(仁愛)에 넘치는 간호의 경험을 본받아 전도의 문을 열도록 해야 한다.

6장 | 교회의 출발
(선교지 순방과 교회설립)

1) 언더우드 선교사의 전도지역 여행

1886년 가을 서상륜(徐相崙)이 로스(Ross) 목사의 편지를 가지고 서울에 와서 언더우드(Underwood) 선교사를 만나 한국에는 1886년 이래 수만 권의 복음서가 보급된 것과 의주, 소래, 서울 등지에 세례 지망자가 100여 명에 달할 정도로 교회설립 기반이 음성적으로 조성되어 있다는 소식을 전하였으므로, 그가 크게 기뻐하였다.

다음해 1887년 의주 전도사 백홍준(白鴻俊)이 언더우드 선교사를 찾아와 그곳 세례 지망자들이 선교사들의 내방(來訪)을 기다리고 있다고 보고하였다. 이 보고를 받은 언더우드(Underwood)는 아직 전도 활동이 금지되어 있음에도 불구하고 정부로부터 여권을 얻어 1887년 가을에 제1차 전도 여행을 떠나 송도, 소래, 평양 등을 거쳐 의주에 이르러, 그 지역에 이미 교회 활동이 있는 것을 보고 크게 기뻐하였다.

2) 아펜젤러 선교사의 전도지역 여행

1888년 언더우드 목사는 아펜젤러(Appenzeller) 목사와 동행하여 다시 평양으로 갔다. 그러나 한국 정부로부터 갑자기 금교령(禁敎令, 1888년 4월 28일 고종의 포교 금지령)이 내려져 순방을 중단하고 돌아오게 되었다.

그리고 그해 가을 아펜젤러 목사가 혼자 평양을 거쳐 의주에 가서 백홍준 전도사에게 전도를 받은 박상모, 송상하에게 세례를 주고 돌아왔다. 또한, 같은 가을에 존슨(Jonson) 목사와 함께 강원도 원주와 대구, 부산 등지로 순방하였고, 1889년에는 존슨 목사 단독으로 인천을 순방한 바 있다.

3) 여러 선교사들의 순방 여행

1887년 스크랜톤(Scranton) 의사가 원산을 방문하고 와서 의료 선교사들의 지방 순회 전도를 포함한 4개 의료정책을 발표하여 주목을 끈 바가 있다.

1891년 북 장로교 선교사 마펠(S. A. Moffett, 마포삼열)과 게일(J. S. Gale, 기일) 목사는 평양, 의주, 만주, 봉천까지 가서 로스(Ross) 목사를 만났고, 돌아오는 길에 동만주에 들러 한인촌락을 순방하고 함흥을 거쳐 서울로 돌아왔다.

1892년에 감리교 홀(W. J. Holl) 의사는 평양을 순방하였고, 그해 가을 선교사 올링거(F. Olinger) 목사는 원산을 순방하였다.

4) 선교부 설치

 이상과 같이 선교지 대상 지역을 순방하고 난 후 1893년부터 북장로교 선교부는 평양을 가장 유력한 선교지로 정하고 마펠(Moffett) 목사를 평양에 주재시켜 전도사업을 착수하게 하였고, 같은 해에 감리교는 홀(Holl) 의사를 평양에 주재시켜 교회와 병원과 학교를 설립하게 하여 본격적인 전도 활동을 하였다.

5) 장로교회 설립

① 새문안 장로교회

 언더우드(Underwood) 선교사는 입국 후 정동 자택에서 예배하기 시작하였고, 1886년 7월 18일 알렌(Allen) 의사의 한국어 교사였던 노도사(본명, 노춘경)에게 헤론(Heron) 의사 집에서 비밀리에 세례를 주었다. 그는 한국 내에서는 최초의 세례교인으로 한국교회 초석이 되었다.

 이 교회는 날로 발전하여 1887년 9월 27일 불과 1년 만에 14명의 신자를 얻었고, 이 사랑방 교회는 서상륜(徐相崙)과 서경조(徐景祚), 두 형제를 장로 장립함으로써 한국 최초의 조직교회가 되었다. 이들 대부분은 로스(Ross) 목사의 번역 성경을 읽고 개종한 사람들이며, 설립 예배에 로스 목사가 참석하여 더욱 의의가 깊었다.

 후에 이 교회는 신문로로 옮겨 오늘의 『새문안교회』로 지속되는 동안 한국교회의 발전에 많은 공헌을 하였다.

② 솔내(소래) 장로교회

의주 청년 서상륜(徐相崙)은 만주로 건너가 로스(Ross) 선교사와 교제하며, 그의 성경 번역 사업에 협력하던 중 세례를 받고 고향으로 돌아와 전도하였으나, 문중(門中)의 반대와 핍박이 심하여서 자유롭게 전도할 지역을 찾아 황해도 송천군 솔내로 가서 전도를 하였는데, 개종자가 급속히 늘어나, 그 동리 가구 58호 중의 50호가 감화되는 놀라운 역사를 보게 되었다.

1887년 봄에 솔내 청년 4명이 서울로 언더우드(Underwood) 목사를 찾아와 솔내에는 100여 명의 교인이 있고, 세례 지망자가 있어 선교사의 방문을 기다리고 있음을 보고하고, 네 청년 중 서경조, 최명호, 정공빈 등 3명은 세례 문답에 합격하여 세례를 받고 돌아갔다. 이때에 언더우드 목사는 기독교의 전도를 금하는 고종의 금교령(禁敎令)이 내려져 있는데도 불구하고 솔내에서 기다리는 신자들을 위하여 위험을 무릅쓰고 솔내로 내려가 비밀리에 7명에게 세례를 주었다.

이로써 앞서 세례를 준 3명을 합한 10명으로 『솔내교회』를 조직하게 되었다. 그 교회는 1895년 7월 3일 매켄지(Mckenzie) 선교사의 지도 아래 자력으로 교회당을 건축한 자립교회의 최초의 본이 되었다. 이 솔내교회는 1884년 한국인의 손으로 세워진 최초의 교회로 선교사가 입국하기 전에 한국인의 손에 의하여 교회가 설립된 사실은 선교 역사에 그 유래를 찾아보기 힘들다. 그러므로 백낙준 박사는 「솔내교회는 한국 프로테스탄트(개신교)의 요람(발상지)」이라고 하였다. 이와 같이 솔내교회는 한국교회 역사의 발상지(發祥地)라고 할 수 있다.

③ 의주 장로교회

언더우드(Underwood) 목사의 제2차 전도 여행길은 『금교령』으로 인해 평양에서 회로(回路)하였고, 1889년 4월 27일 신혼여행을 겸한 제3차 전도 여행길에 의주에 들러 김이련(金利鍊), 김관근(金灌根) 부자(父子)들, 33명에게 압록강 건너편에서 세례를 준 것은 일명 『요단강 세례』라고 일컬어지며, 이로써 의주 교회가 설립되었다.

④ 평양 널다리골 장로교회

평양은 언더우드 선교사가 2, 3차 순방하였고, 마펠(Moffett, 마포삼열) 선교사 등도 순방한 후, 마펠이 평양에 주재하여 선교 활동을 벌인 결과 1894년 1월 4일, 7인에게 세례를 주어 『널다리골 교회』가 평양 최초로 세워졌고, 그 후에 교회 발전에 뒷받침이 되는 숭의여학교와 숭실대학, 평양신학교 등의 교육 사업 영향으로 38선이 생기기 전 평양교회는 한때 한국의 예루살렘 교회라고 부르게 되었다.

6) 감리교회 설립

① 정동 감리교회 설립

1885년 8월 아펜젤러(Appenzeller) 목사가 정동에서 배재학당을 세워 교육 사업을 시작하는 한편, 1887년 9월 8일 이곳에 작은집 한

채를 구입하여 주일 예배를 시작하며 베델 채풀(Bedel Chepel)이라 불렀고, 다음 달 10월 9일 여자 1인을 포함한 4인에게 세례를 주었다. 이로써 첫 번째 감리교회인 『정동감리교회』가 설립된 것이다.

※ 참고. 「1885년 4월 5일 아펜젤러가 제물포로 들어왔을 때 국내 정세의 불안으로 인해 곧 바로 상경하지 못하고 인천에 잠시 머물며, 가정예배를 했는데, 이것이 한국 최초 감리교회의 출발로서, 현재 인천 『내리감리교회』라는 주장도 있음을 참고하기 바란다」.

② 상동 감리교회

상동 감리교회는 스크랜톤(Scranton) 의사가 1891년에 상동 병원을 개원하여 병원에서 기도회를 갖다가 교회가 설립되었는데, 1899년 5월 제15회 선교회 때에 담임자였던 스크랜톤 목사의 보고에 의하면 낮 예배 출석이 250명, 입교인이 205명, 학습인이 108명, 주일학생이 21명, 총 423명이나 될 만큼 발전하였다고 한다.

③ 제물포 웨슬레 감리교회

아펜젤러(Appenzeller) 목사는 내한 1주년이 지난 1886년 4월 25일 인천에서 작은 예배당을 준비하고 예배를 시작하였다. 처음에는 그의 가족과 스크랜톤(Scranton) 의사 가족이 모이던 중에 일본인 다까하라(たかはら)가 개종하고 첫 번째 세례를 받은 것이 특이하다 할 것이며, 1891년에는 『웨슬레 기념예배당』으로 신축하고 교회가 발전하면서 1899년에는 입교인이 62명, 학습인 51명, 원입인 40명으로 150명에 달하게 되었다.

④ 의주 감리교회

1888년 봄에 언더우드(Underwood) 목사의 제2차 전도 순방길에는 아펜젤러(Appenzeller) 목사도 동행하여 평양을 거쳐 의주까지 가려고 하였으나, 뜻하지 않은 정부의 금교령(禁敎令, 포교를 금하는 고종의 칙서)으로 인해 회로(回路)하였다가, 그해 가을에 아펜젤러 목사 단독으로 의주에 가서 백홍준 전도사의 전도를 받은 박상모, 송상하에게 세례를 주고 돌아왔는데, 그 후 스크랜톤(Scranton) 의사와 존슨(Johnson) 목사가 다시 의주로 가서 읍내 교동에서 5인에게 세례를 줌으로써 의주 감리교회가 설립되었다.

7장 | 교회의 활동

1) 문서 사업

① 성경 간행

신자의 신앙 성장에 양식이 되고 교회발전에 힘이 되는 하나님의 말씀인 성경 간행은 그 무엇보다도 급선무였다. 이미 있는 존 로스(John Ross, 나약한 羅約翰) 번역과 이수정 역은 오류가 많아서 1887년 언더우드, 아펜젤러, 스크랜톤, 헤론 등이 성경 번역 위원회를 조직하고 재번역에 착수하였다. 그리고 착수한 지 13년만인 1900년에야 신약전서가 간행되었으나, 절반은 위원회의 통과를 보지 못한 개인 역(譯)이었으며, 1906년에 그 결정 본이 나왔고 구약은 1911년에 완역되어 출간되었다. 이것이 1937년 개역 성경이 나올 때까지 유일한 공인(公認) 성경이었다.

② 찬송가 발행

성경 번역과 때를 같이하여 찬송가 편간을 계획하였다. 찬송가는 1892년 존슨 목사의 찬미가, 1893년에는 언더우드 목사의 찬양가,

1895년에는 아펜젤러 목사의 찬송시가 각각 출간되어 교파와 지방별로 사용하다가 1908년에 장로교와 감리교, 양 교파 합동으로 찬송가를 펴내게 되었다.

③ 교리서의 간행

1890년 6월 23일 언더우드, 헤론, 아펜젤러, 올링거(F. Ohlinger) 목사 등은 조선성교서회(朝鮮聖敎書會)라는 출판사를 설립하고 언더우드 목사의 교리서 성교촬리(聖敎撮理) 간행을 비롯하여 마펠 목사의 문답서인 장원양우상론(長遠兩友相論, 장 씨와 원 씨 두 친구가 서로 문답한다는 뜻), 게일 목사 부부의 역서 천로역정(天路歷程), 헐버트(Hulbert) 목사의 한글로 간략하게 소개한 세계지리(地理)서 사민필지(士民必知) 등, 우수한 출판물들을 위시하여 1903년까지 무려 20여만 권의 서적을 간행하였다.

그중에 천로역정(天路歷程)은 일반 사회인들에게도 널리 애독되면서 전도에 많은 공을 세웠다.

④ 신문 발행

1897년 2월 2일 창간된 아펜젤러 주간의 『조선 그리스도 회보』를 시작으로, 1899년 『대한 그리스도 회보』가 발행되었고, 1905년에는 『그리스도 회보』로 개제(改題)하여 발행하였고, 1897년 4월 1일 언더우드 목사가 창간한 『그리스도 신문』은 1902년에 『예수교 신보』로, 1910년에는 『예수교 회보』로 발행하다가 1915년 12월 7일 양 신문이 합병하여 『기독신보』로 장로교, 감리교 양 교파 기관지로 재출발하여 유일한 교회 신문으로 1937년까지 이어 오면서 교회 발전에 공헌한 바가 컸다.

2) 교육 사업

① 서울의 학교들

a. 의학 강습반

1884년 9월 입국한 알렌(Allen) 의사는 1885년 5월 의학 강습반을 시작하였고, 이것이 후에 『세브란스 의학전문학교』로서 오늘의 『연세대학교 의과대학』의 전신인 것이다.

b. 배제 학당

언더우드는 입국 즉시, 기존 국립병원부설 의학교에서 물리 화학 교수로 선교 활동을 시작하였으나, 아펜젤러는 애초부터 선교 개척 활동으로 생각하고 있었던 것이 영어를 가르치는 것이었다. 그는 미국 공사관 풀크(Foulques) 중위에게 이 뜻을 의논하였고, 풀크 중위는 아펜젤러가 국왕을 알현(謁見) 할 수 있도록 하여, 그가 영어학교를 계획하고 있다는 뜻을 아뢰었다. 그리고 그해 가을에 풀크(Foulques) 공사는 학교설립이 허가된 것을 아펜젤러에게 통고하였다.

아펜젤러(Appenzeller)는 곧 영어학교를 시작하였고, 1887년에 이르러 크게 확장되면서 재학생이 67명이나 되었으며, 정부의 인가를 얻게 되었다. 이에 고종은 인재를 배양한다는 뜻에서 배재학당(培材

學堂)이란 간판을 하사(下賜)하였다. 그리고 세월이 흐르는 동안 학교는 날로 발전되어, 오늘의 『배재 중, 고등학교와 대학교』가 되었다.

c. 이화학당

감리교 여선교사 메리 스크랜톤(Mary F. Scranton)은 1886년 5월 자신의 사랑방에서 정부 고관의 소실(小室, 아내 외에 데리고 사는 여자, 첩) 한 사람을 가르치기 시작하면서, 같은 해 6월에 선교본부 근처에 학교를 세우기 위해 미국의 파크(Park) 여사와 블렉스톤(Blackston) 여사의 도움으로 가옥과 토지를 사들여 한국 최초의 여자학교를 시작하였다. 당시 한국의 실정에서 여자 학교를 세운다는 것은 꿈 같은 일이었다.

그러나 앞에 기술한 바와 같이 1886년 5월 31일 밤에 한 부인이 하인을 거느리고 찾아와서 배우기를 청하였는데, 그 여인은 고위관료의 첩인 김성녀(金姓女)로 영어를 배워서 황후의 통역사가 되겠다고 했으나, 3개월 만에 학교를 그만두었다.

같은 해, 6월 말경에는 복순(福順)이라는 10여 세의 소녀가 찾아왔다. 가난을 벗어나기 위해서였는데, 이 아이가 첫 정식 학생이다. 그러나 얼마 후에 그 아이의 어머니는 이웃 사람들에게 「딸을 서양 여자에게 팔아먹었다」라고 하는 욕을 듣고 찾아와서 아이를 데려가려 했다. 그래서 스크랜톤(Scranton)은 학생의 어머니에게 학생의 신변을 보증한다는 서약서까지 써주어야 했다.

서약서의 내용은 『미국인 야소교 선교사 스크랜톤은 조선인 박(朴)씨와 다음과 같이 계약하고, 이 계약을 위반하는 때는 어떠한 벌이든지, 어떠한 요구든지 받기로 함. 나는 당신의 딸 복순(福順)이를 맡아 기르며, 공부시키되 당신의 허락이 없이는 서방(西方)은 물론, 조선 안에서 단 십리(十里)라도 데리고 나가지 않기를 서약함. 1886年 月 日. 스크랜톤』(한국문화대백과사전 참고).

또한, 버려진 아이를 거두어 양육하며 공부를 시키기도 했다. 이와 같이 시작된 학교는 차츰 발전하며, 1888년에 이르러 18명의 학생이 되었다. 이 학교의 목적은 누구나 자기 생활환경에서 가정부인으로 모본이 되게 하여, 가족과 친지 및 이웃들에게 십자가의 복음을 전파하는 사람이 되게 하려는데 있었다.

스크랜톤(Scranton) 여사는 왕비(王妃)와도 교제가 있었는데, 다음 해 10월 22일 명성왕후(민비, 閔妃)로부터 『이화학당(梨花學堂)』이라는 사액(賜額, 임금이 이름을 지어서 새긴 액자) 간판을 하사받았다. 이 학교는 얼마 후에 대학부가 설치되었다가 후에는 분리되어 『이화 여자대학교』로 발전하게 되었다.

d. 경신 학교

현재의 경신 학교인 장로교 학교가 처음에는 시험적으로 1년 동안 배재학당과 합병하여 수업하다가 1900년에 다시 분리하여, 그해 9월부터는 연동에 교사를 신축하고 이전하여 수업을 하면서, 이름을 『존 윌스의 그리스도 사업 양성학교』라고 하였다.

그러나 1910년 『한일합방조약』이 체결된 후 총독부에서 강제로 매수하여 사용하였으므로, 부득이 정릉에 교사를 신축하였다가 현재는 혜화동으로 이전하여 『경신 중, 고등학교』가 되었다.

e. 정신 여학교

1887년 장로교 여선교사 엘러즈(A. Ellers)양이 예수교 학당인 경신 학교 구내에서 시작했으나 활발하게 운영되지는 못하였다. 그래서 한때 이를 감리교 여학교에 합병하자는 논의까지 있을 정도였다. 그러나 해를 거듭할수록 발전되어 연지동에 교사를 옮겨 짓고 이전한 후로는 급속히 발전하여 오늘의 『정신여자중·고등학교』가 되었다.

3) 평양의 학교들

① 감리교 학교

1894년에 북 감리교 선교부의 비이커(A. L. Beaker) 목사 부부의 주동으로 『광성학교』와 『정의 여학교』가 설립되어 여성 지도자 양성과 여 교역자 양성에 힘썼다.

② 장로교 학교

장로교에서는 1897년 베어드(W. Baird, 배위량) 목사 부부가 평양에 『숭실학당』을 세웠고, 1901년에는 역시 배위량 목사 주동으로 『숭의여학교』가 설립되었다.

③ 숭실대학

한국교회는 초창기에 교회가 설립되어 자립하게 되면, 으레히 소학교를 세워 계몽사업과 함께 전도하여 교회발전에 뒷받침으로 삼

앉다. 그리고 소학교의 교사 양성과 교회지도자 양성을 위하여 서울, 평양 등, 전국 주요 도시에 남녀 중등학교를 많이 세우게 되었으므로, 중등교사 양성과 고등 인재 양성이 절실하게 되었다. 이에 호응하여 교회와 선교부는 1905년에 고등교육 기관인 숭실대학을 설립하였는데, 이것이 한국 최초의 대학인 것이다.

4) 의료 사업

① 서울의 병원들

a. 장로교 세브란스 병원

알렌(Allen) 의사는 한국주재 외국 공관원 공의(公醫)로 봉사하다가 그 후에 광혜원(廣惠院, 1885년에 세워진 최초의 국립병원)을 세워 의료봉사를 하였는데, 광혜원은 후에 제중원(濟衆院, 백성을 구제한다는 뜻)으로 개명하여, 첫해에 치료 환자가 200명에 달하였고, 시약소(施藥所, 약국)를 이용한 환자는 1만여 명에 달하였다.

한편 제중원은 에비슨(O. R. Evison, 4대 원장) 박사가 책임을 맡고 운영하던 중, 1889년 안식년으로 귀국하였는데, 이듬해 5월 뉴욕에서 모인 선교협의회 석상에서 한국 의료사업 계획을 발표하였다.

이때 회의에 참석하였던 미국의 부호 세브란스(L. H. Severance)가 그 계획의 성취를 위하여 1천 불을 기부하였으므로, 확대 경영을 하게 되었으며, 정부로부터 단독 인수를 받고 10년 동안 운영을 하다가 1903년 남대문으로 이전할 때는 세브란스가 또 3천 불을 기부하여 건물을 짓고, 그를 기념하여 『세브란스 병원』이라고 부르게 되었다.

이 병원은 후에 『세브란스 의학전문학교』로 확대되었다가, 오늘의 『연세대 의과대학』으로 크게 발전한 것이다.

b. 감리교 병원

감리교에서는 스크랜톤(Scranton, 시란돈 施蘭敦) 박사가 정동에 시병원(施病院)을 세워 의료봉사를 하였고, 시병원 외에 스크랜톤이 미국 『감리교 여성 해외선교부』에 지원을 요청하여, 1887년 10월 여의사 메타 하워드(M. Howard)가 내한하였고, 이화학당 구내에서 여성 환자를 치료하기 시작하였는데, 이것이 보구여관(保救女館)으로, 한국 최초의 여성 전문병원이었다.

② 지역별 각급 병원

1893년에 의료 사업도 선교사업의 하나로 결정한 후로는 전국 주요 도시에 병원들이 설립되었다. 인천, 공주, 평양, 원산 등지에 병원을 세웠고, 1939년 선교사 연합회는 의료 사업을 더욱 확대하기로 하고 선천, 재령, 청주, 강계, 전주, 군산, 목포, 광주, 진주, 부산, 안동, 개성, 해주, 춘천 등지에도 병원을 개설하고 전국적인 의료봉사 활동을 전개하였다.

8장 | 1907년대 부흥 운동과 교회의 조직

1) 시대적 배경

한말(韓末), 개신교가 이 땅에 들어온 이래, 일제 식민지 시대를 통한 교회 역사에 있어서 가장 큰 3대 사건이라면 ①『1907년 대부흥 운동』과 ②『1919년 3.1 운동』, ③『1935년 이후의 신사참배』 문제라고 할 수 있다.

대부흥 운동은 기독교인의 내적 신앙의 각성이요, 3.1 운동은 민족 공동체 의식 속에서 숨 쉬는 교회의 구국적 행동이었으며, 신사참배 문제는 다신교(多神敎)의 일제탄압 하에 유일신(唯一神) 신앙을 고수하려는 운동이었다고 할 수 있다.

먼저 1907년 대부흥 운동을 생각하려면, 먼저 시대적 배경을 살펴볼 필요가 있다. 일본은 1905년에 한국에 통감부(統監府)를 설치하고 이등박문(伊藤博文, 이토오 히로부미)이 초대 조선 통감으로 부임하였다.

교회는 이 당시 정세에 발버둥치며 저항하였다. 1905년 6월 하와

이에 있는 동포들은 윤병구(尹炳求) 목사를 대표로 하여, 미국 육군 장군 테프트(Taft)의 소개장을 가지고 루즈벨트(F. Roosevelt, 미국 32대) 대통령을 면담하여 일본의 침략 정책을 폭로하고 한국의 독립을 위해 미국의 지원을 요청하였다.

을사조약(乙巳條約, 1905년 일본이 한국의 외교권을 박탈하기 위해 강제로 체결한 조약)이 강제로 체결되자 민영환(閔泳煥)은 자결하였고 김하원, 이기범, 차병수 등은 기독교인으로서 사수국권(死守國權)을 쓴 경고문을 종로 네거리에 게시(揭示)하고 군중들에게 통렬한 구국 연설을 하다가 일본 군경들에게 큰 부상을 입기도 하였다.

이와 같은 항거는 1907년에 헤이그 밀사 사건과 고종(高宗)의 양위(讓位, 임금의 자리를 물려주는 것) 등으로 계속되었다. 고종은 국운이 날로 기울어져 가고, 잔악한 일본의 농간에 나라의 주권이 사라져 가는 것을 더 이상 견딜 수 없어서 평소에 친근하게 지내던 선교사 호머 헐버트(H. Hulbert)를 러시아와 일본 강화조약에 참석시켜 한국의 입장을 밝히려 하였으나, 일본인들이 헐버트(Hulbert)에게 말할 기회를 주지 않아 수포로 돌아가고 말았다.

1907년 네덜란드 헤이그에서 열리는 제2회 『만국평화회의』에 이상설(李相卨), 이준(李儁), 이위종(李瑋鍾) 등 3인의 밀사를 파견하여, 『을사조약』은 일본의 강압에 의한 허위적인 것임을 밝히고 독립국가의 정식 대표로 참석하려 하였으나 실패하고 말았다.

당시 국내는 이완용(李完用) 내각이 집권하여 일본의 허수아비 노릇을 하였고, 헤이그 밀사 사건으로 1907년 7월 17일에 고종 황제는 태자에게 양위(讓位) 할 수밖에 없었다. 이런 상황이 되자 뜻있는 젊은이들은 만주, 시베리아, 중국, 미국 등지로 망명하여 해외에서 국권을 되찾기 위한 투쟁을 벌였고, 국내에서는 곳곳에서 의병들이 일어나 일본 군대와 싸웠다.

그러나 1910년 8월 29일 막강한 군대를 앞세운 일본에게 한국은 점령되고 말았다. 이러한 국가의 비극 앞에 그리스도인들 가운데서도 무력으로 항쟁하는 사람들이 있었다. 일본의 앞잡이 노릇을 하던 스테르브스(D. W. Sterevs)를 샌프란시스코에서 살해한 장인환(張仁煥)과 비록 미수에 그쳤지만, 이완용 암살을 시도했던 이재명(李在明) 등이 신자였고, 의병 지휘관들 가운데도 신자가 다수 있었다.

1909년 10월 26일 하얼빈역에서 이등 방문(伊藤博文, 이토오 히로부미)을 저격한 안중근(安重根)도 가톨릭 신자로 「천주님! 마침내 폭살자는 죽었습니다. 감사합니다.」라고 하였다.

1907년부터 교회는 일본에 저항하는 민족의 거점이 되었으며, 많은 선교사들도 우리 민족과 고락을 같이하면서 복음전파에 노력하였고, 교회는 나라를 잃은 비애를 통해 더욱 신앙적 열의를 가지게 되었다.

2) 1907년의 대부흥

① 대부흥 운동

1907년에 일어난 대부흥 운동은 전국을 휩쓴 한국 기독교의 최초, 최대의 부흥의 역사였다. 이 부흥의 시작은 1903년 감리교 선교사들이 원산에 모여 중국 주재 감리교 선교사 화이트(Miss M. C.

White)의 인도로 1주간 기도와 성경공부의 집회를 열었다.

이 집회에는 하디(Dr. R. A. Hardie) 박사가 참석하였는데, 그는 캐나다의 『대학 선교부』 의료 선교사로 파송을 받아 1898년 남 감리교 선교부에 속하여 강원도 북부 지방에서 선교 활동을 하였으나, 효과가 전무하여 고민을 하다가 이 집회에 참석하여 기도하던 중 성령의 충만을 받게 되었다. 그리고 다음 해 1904년도에도 원산에서 집회를 열고 더욱 은혜를 받았다.

이때에 평양에 있는 선교사들은 원산 집회 때, 하디(Hardie) 박사가 큰 은혜를 받았다는 소식을 듣고, 1906년에 하디 박사를 청하여 집회를 가졌다. 그 얼마 후에 뉴욕에서 하워드 죤슨(H. A. Johnson) 목사가 한국에 와서 영국의 웨일즈(Wales)에서 일어난 부흥 운동의 사실을 선교사와 평양 한국인 신자들에게도 역설하였다. 「웨일즈 부흥은 1904년 침체되었던 영국 교회에 이반 로버츠(Evan Roberts) 라는 무명의 가난한 청년에 의해 일어난 부흥운동」. 이 간증을 들은 교인들은 그와 같은 은혜를 갈망하며, 여러 날 동안 계속하여 연일연야(連日連夜) 철야 기도가 이어졌다.

1907년 1월 6일 평양 장대현교회에서 열린 사경회 저녁 집회에는 남자만 1천 5백 명이 모이는 놀라운 광경이 벌어졌다.

이 집회는 선교사와 한인 목사들이 계속 인도하였는데, 그 강론 내용은 「우리의 생활은 성령의 인도로 계획되고, 사랑과 의로움을 생활신조로 삼아야 한다」라는 것이었다. 그 토요일 저녁에는 베어드(W. Baird, 배위량) 목사가 고린도전서 12장 27절 "너희는 그리스도의 몸이요 지체의 각 부분이라"는 말씀을 본문으로 하여 「교회가 병이

나면 신체에 병이 난 것과 같고, 한 교우가 고난을 당하면 모든 교우가 다 아프다」라는 내용의 설교를 하였다.

설교가 끝나자 저마다 일어나 죄를 자복하면서 간증을 하였고, 그 다음 날 선교사들은 한데 모여 열심히 기도하였다. 그날 저녁 집회는 온 교인들이 하나님의 임재를 느끼게 되었다. 이에 선교사들뿐 아니라, 온 교인들이 저마다 은혜를 받고 간증을 하였다. 그 밤에 설교가 간단히 끝나고 그레헴 리(Graham Lee, 이길함) 목사가 집회를 인도하며 「누구든지 원하는 자가 기도하시오!」하니, 너도나도 일어나 기도가 계속 이어지므로 「다 같이 합심 기도합시다」라고 하니, 하늘에서 우레가 치듯이 모두가 큰 소리로 기도했으나, 각자에게는 한 사람이 기도하는 것 같이 조용하게 들렸다.

그러던 중 한쪽에서 울음을 터뜨리자, 온 회중은 울음바다가 되었다. 한 사람이 죄를 자복하고 나면, 온 회중이 울음을 터뜨리고, 또 한 사람이 기도하면, 또 온 회중이 울고, 이렇게 이어지다 보니 절로 밤을 새운 철야 기도가 되었다.

다음 주 화요일 밤에는 저마다 죄를 자복하는 간증회가 있었다. 그중에 김 장로는 강대상으로 올라가 「나는 죽을 죄인입니다. 내가 지금까지 본 교회 장로도 미워하고, 배위량 목사도 미워하였습니다. 배 목사님! 내 죄를 용서해 주시겠습니까? 그리고 기도해 주실 수 있습니까?」하고 울음을 터뜨렸다. 이때에 온 회중이 다 함께 울음을 터뜨렸다.

과연 성령이 예배당 지붕을 걷어치우고 물 붓듯이 밀어닥치는 느낌이었다. 모든 사람들은 옆 사람도 잊어버리고 통회하기 시작했고,

그 회개는 간장(肝腸)이 끓는 듯한 신음소리와 함께 예배당 공기는 뜨거웠다. 성령은 충만히 임하였고, 온 회중은 물이 끓듯 몸부림치며, 애원하듯이 「주여! 주여! 나를 버리지 마옵소서!」라는 한마디 기도로 압축되었다. 다 같이 몸부림치며, 마룻바닥을 두들기고 가슴을 치며 통회하였다.

그 모두가 흉한 죄, 추한 죄, 남김없이 자복하며 「성령이여 강림하사 나를 감화하시고 애통하며 회개한 맘 충만하게 하소서」, 「이 죄인을 완전케 하옵시고 내 맘속에 영원히 거하소서!」 찬송을 연이어 부르며, 기쁨이 충만한 가운데 집회를 마치게 되었다.

여기서 우리가 간과할 수 없는 것은 길선주(吉善宙) 장로의 새벽기도회 운동이다. 1906년 길선주는 한국교회에서는 처음으로 『장대현교회』에서 새벽기도회를 시작했는데, 그의 친구 박세록 장로와 함께 규칙적으로 새벽기도를 했다. 소문을 들은 교인들이 매일 몰려들어 300~500명씩 모이게 되었고, 이에 길선주는 당회의 허락을 받아 정식으로 가을부터 새벽기도회를 시작하였다.

이것은 한국교회의 특징이 되었고, 나아가서 1907년의 신앙부흥의 직접적인 동기가 되었던 것이다.

3) 대부흥 운동의 결실

① 교회의 쇄신

평양 대부흥 운동의 결실로 4가지 면에서 교회를 쇄신하게 되었다.

a. 도덕적 양심과 지성을 회복하여 민중의 지도자적 자격을 갖추게 되었다. 그래서 1919년 3.1 운동 당시 주도적 역할을 하였다.
b. 선교사와 한국교회 지도자들 사이에 융화가 이루어졌다.
c. 교인들 간에 서로 사랑하는 도덕적 관습이 생겼다.
d. 교인은 누구나 기도하고, 성경을 공부하며, 진리를 탐구하는 습관이 생겼다.

② **사경회 운동**

대부흥 운동의 영향은 각 교회의 사경회 운동으로 확산되었다. 주로 오전에는 성경을 공부하고, 오후에는 축호 전도를 하고, 저녁은 전도 집회를 열었는데, 이 사경회 운동은 전국적으로 농어촌까지 확산되어 농한기(農閑期)를 이용하여 매년 2회씩 열고 신앙 향상과 전도운동을 하였다. 이 사경회는 지역연합, 재직 수련회 등, 여러 형태로 열어 교회발전에 크게 기여하였고, 후에는 부흥회라고 불렀다.

③ **연합운동 전개**

이 부흥 운동으로 말미암아 지금까지 산발적으로 하던 선교사업을 가급적 연합하는 융화가 이루어졌다. 각 선교부에서는 지금까지 전도사업, 교육 사업, 의료 사업, 사회사업 등을 연합해야 한다는 논의가 대두되었다. 그중에 중요한 것은 선교지역 재배정이었다.

1905년 장로교, 감리교 양 교파가 평안북도에서 선교지역을 정하였고, 1906년에는 두 선교부가 평안남도 선교 구역을 정했을 뿐이었다. 그러나 이 대부흥 이후에는 지금까지 미온적이었던 선교 구역을 확정하기로 하고, 남 감리교와 북 장로교 선교부 사이에 화합이 이루어져 강원도 북부의 3분의 1과 서울 이북의 경기도 지방을 남 감리교에서 맡고, 강원도 남부 3분의 1과 서울의 동쪽과 서쪽의 남 감리교 모든 지역은 북 감리교에 맡겼다.

또 1908년에는 남 감리교와 캐나다 장로교의 합의로 원산 이남과 함경도 지방은 남 감리교가 맡고, 그 이외의 함경도 지방은 캐나다 장로교 선교부가 맡고, 서울 이남 충청북도 지방은 북 장로교, 충청남도는 북 감리교, 전라도는 남 장로교, 경상도는 호주 장로교가 맡고, 그 나머지 지방은 북 장로교에서 맡기로 합의하였다.

이렇게 선교 구역을 배정하고 보니, 이미 착수했던 사업들을 정리하게 되어 손해가 있었으나, 원만한 타협이 이루어져서 그 후 20여 년간 구역 문제로 마찰 없이 원만하게 지낸 것은 이 부흥 운동의 큰 결실이라 할 것이다.

이 연합운동의 특이점은 숭실대학을 공동 운영하기로 하고 교명을 『유니온 크리스천 칼리지(Union ChristianCollege)』로 개명한 것과 수년 후에는 서울의 『세브란스 병원』과 『평안기독병원』, 『서울 연희전문학교』 등을 장로교와 감리교 선교부가 공동운영을 하기로 한 것이다.

4) 선교사업 개시

지금까지 개교회가 교인들을 통해 이웃을 전도하는데 진력하였으나 부흥 운동을 통하여 하나님 나라의 비밀을 더욱 깨달은 후, 원시적인 눈을 뜨게 되면서 해외에도 나가 망국의 비애에 잠겨 있는 동포들에게도 전도해야 되겠다는 해외동포 전도사업에 힘을 쏟게 되었다.

1907년 9월 17일 설립된 장로회 독노회(獨老會, 독립 노회)는 전도국을 설치하고 1907년에 안수를 받은 최초 7인 목사 중의 한 사람인 이기풍(李基豊, 1942. 6. 20 일제에 의해 순교) 목사를 제주도에 파송하여 전도를 개시하였고, 다음 해에 평양 여전도회 연합회는 이선광(李善光) 여전도사를, 1909년 평양 숭실대와 숭실중 학생회는 김형재(金亨哉) 목사를 제주도에 파송하였다.

또 한석진(韓錫晋, 조선예수교장로회 제6대 총회장 1917) 목사를 일본에 파송하여 동경유학생 전도에 착수하게 되었고, 최관흘 목사를 러시아 연해주『블라디보스토크, Vladivostok』에 파송하여 교포들에게 선교사업을 개시하였으며, 김진근(金振瑾) 목사를 남만주에 파송하여 만주전도를 개시하였다.

한편, 남 감리교는 1907년에 먼저 전도국을 설치했다가 다음에 『내의국 전도국』으로 개칭하여 선교 활동을 시작하였고, 그다음 해에는 간도 선교회를 조직하여 이춘화 전도사를 간도(間島, 중국 길림성 동남부지역)에 파송하였다.

1910년에 북 감리교는 손정도(孫貞道) 목사를 북 중국에 파송하여 중국선교를 개시하였다. 이처럼 1907~1910년 사이에 한국교회가 일본, 중국, 러시아 일대에 선교사업을 개시하므로 세계 교회의 이목을 끌게 되었다.

5) 백만 명 구령 운동

1909년 개성에 있던 감리교 선교사 3인은 1907년에 일어났던 부흥의 불길이 사라져 가는 것을 애석하게 느끼고 1주간 사경회를 열었다. 사경회가 끝난 뒤 선교사 3인 중의 한 사람인 스토크스(M. B. Stokes, 도마련) 목사는 자기 선교 구역 교인들에게 그해 5만 명의 신자를 얻도록 권유하였다.

그리고 같은 해, 감리교 연회석상에서 스토크스(Stokes) 목사가 전도 운동을 제안하자, 그 제안을 받아들여 「20만 명을 그리스도에게로…….」 라는 계획을 세우고 추진하기로 결의하였다. 사실 당시 교인이 8천여 명인 데 비해 계획은 너무 방대한 것이었다.

1910년 미국에서 채프만(W. Chapman)과 알렉산더(C. Alexander) 두 목사는 전도단 일행을 이끌고 서울에 와서 전도 운동을 벌였는데, 남녀노소, 교사, 학생, 교역자들까지 총망라하여 참여함으로써, 한국교회 최초의 전국적인 구령 운동으로 큰 관심을 끌게 되었다.

이때 평양에서는 신자들이 전적으로 개인 전도에 헌신하겠다고 작정한 날짜가 2만 2천일에 달하였고, 재령에서는 10만일이 넘었다. 그리고 수백만 부의 전도지와 70만 권의 마가복음서가 판매되었으며, 이 운동은 1911년에 끝났다.

6) 신학교 설립

1907년에 일어난 대부흥 운동은 교회의 수를 증가시켰다. 그러므로 교역자 양성이 시급한 문제로 떠오르게 되었다. 실상 교역자 양성을 위한 신학교육은 이미 1890년 서울에서 언더우드(Underwood, 원두우 元杜尤) 목사가 신학 반을 시작한 데서 비롯하였다. 그러나 목사를 양성하는 데는 적합하지 못하였으므로, 1900년 가을, 장로교 평양 공의회 때에 마펠(Moffett, 마포삼열) 목사의 제안으로 평양에 신학교를 세우기로 결정하였다.

그다음 해 1901년 봄에 방기창, 김종섭 2인을 목사 후보생으로 정하고 그해 가을 강의를 시작했다. 그러나 이것은 사설 학원에 지나지 않았고, 1907년 대부흥의 자극을 받아 같은 해, 평양에 『대한예수교 장로회신학교』의 교명으로 신학교가 정식 발족하게 되었다. 그해 6월 20일에 한석진, 서경조, 양전백, 길선주, 방기창, 이기풍, 송인서, 7인의 제1회 졸업생을 배출했고, 같은 해, 9월 17일에 졸업생 7인을 목사로 임직 시켜, 한국교회는 목사와 장로로 당회를 조직하고 상회인 독노회(獨老會)도 조직할 수 있게 되었다.

9장 | 교회의 조직

1) 장로교회의 조직

① 선교사 공의회

한국 장로교를 개척한 각 장로교 선교부는 처음에는 각기 활동을 하다가 주한 장로교 선교부들의 협동이 필요하였으므로, 남미, 북미, 캐나다, 호주 장로교 선교부들의 선교 공의회(公議會)를 조직하고 상호 협조하여 통일성 있게 선교사업을 진행하였다.

그 후 선교사업의 확대로 선교 공의회는 분화되어 지역에 따라 공의 위원회를 설치하였다. 이에 1895년에 서울 위원회와 평양 위원회가 따로 설치되었고, 1901년에는 전라 위원회(남 장로교 선교회), 경상 위원회(호주 장로교 선교회), 1902년에는 함경 위원회(캐나다 장로교 선교회)로 각각 조직되었다.

② 장로회 노회 설립

가. 노회의 산파역 장로회 공의회

1900년에 회집 된 선교 공의회는 1901년부터 한국인 대표를 참

가시키기로 결정하였다. 이는 서경조(徐景祚), 김종섭(金宗燮) 두 장로는 이미 장립되었고, 다음 해에는 수명의 장로가 배출되어 여러 교회와 당회가 조직되었기 때문이다.

1901년 9월 20일 서울 새문안교회에서 선교사 25명, 한국인 장로 서경조, 김종섭, 방기창 3명과 조사(助事, 목사 서리직) 양백전, 송순명, 최흥서, 천광실, 고찬익, 유태연 6명 등으로 장로회 공의회를 조직하였는데, 회장에는 마펠(Moffett, 마포삼열) 목사, 서기는 서경조 장로를 선임하였다.

이 『조선예수교 장로회 공의회』의 가장 중요한 결정은 첫째. 교역자 양성을 위한 신학과 설치이다. 이 결정에 의하여 평양에 『대한예수교 장로회신학교』가 설립되었으며, 초대 교장에 마펠(Moffett, 마포삼열) 목사, 교수에는 그레헴 리(Geaham Lee, 이길함)였으며, 처음 입학한 학생은 김종섭, 방기창이다. 둘째. 한국장로회 설립을 위한 위원회 선출인데, 설립 방침은 다음과 같다.

　a. 금후 어떤 때든지 장로 1인 이상 있는 지교회 12개처, 목사에 임직할 자격이 있는 자 3인 이상에 달하면 대한예수교 장로회를 설립하겠고, 먼저 고등 치리회 곧 전국 노회를 조직할 것이요, 대회 또는 총회가 설립되는 날까지는, 그 노회만이 상회가 될 것.

　b. 노회원은 전국의 목사, 한국에 주재하는 선교사 중 안수식에 의하여 임직한 목사와 장로, 전국 각 당회에서 총대로 파송하는 장로 1인씩 될 것.

　c. 노회 중 한국 회원에 향유하는 일반 권리를 선교사도 향유하

나, 여전히 각기 본국 노회원이 되며, 그 관할과 치리를 받을것, 등이었다.

② 장로회 독립 노회 조직

1907년 9월 17일 평양 장대현교회에서 『대한예수교 장로회』가 조직되었다. 우리나라에 4개의 장로교(남 장로교, 북 장로교, 캐나다 장로교, 호주 장로교)가 각기 선교사를 파송하여 선교 구역을 따라 교회를 설립하였으나, 그들의 본국 교회에 예속되지 않는 한국의 독립 노회(독노회, 獨老會)를 조직하였는데, 그 의미는 매우 크다고 할 것이다.

이렇게 조직된 독노회(獨老會)에서 결정된 중요한 사건은 첫째. 신학교 졸업생 7명에게 안수하여 목사로 임직케 한 것이다.(평양신학교 제1회 졸업생은 서경조, 한석진, 양전백, 길선주, 이기풍, 송인서, 방기창 7명임). 둘째. 제주도에 선교사를 파송하기로 결의한 것이다. 그래서 제주도에 이기풍 목사를 파송하였으며, 1908년 러시아 해삼위(海參威, 블라디보스톡)에는 최관흘 목사, 1909년 일본 동경에는 한석진 목사를 파송하여 유학생들을 위한 전도와 교회설립을 하게 하였다. 셋째. 의사봉(議事棒, 의결 기관의 장이 개회, 의안상정, 가결, 부결, 폐회 따위를 선언할 때 탁자를 두드리는 기구)을 제정하였다.

※ 독립 노회(독노회) 설립 당시 교세

- 목사(선교사 포함) 49명
- 조사 160명
- 장로 47명
- 세례교인 18,061명

- 교인 총수 72,968명
- 지교회 758개소
- 소학교 405개
- 학생 8,615명
- 연보(헌금) 총액 94,022 원

2) 장로회 총회설립

① 장로회 총회조직

1912년 9월 2일 평양신학교 강당에서 7 노회가 파송한 대표 목사 96명(외국인 목사 44명, 한인 목사 52명)과 장로 125명, 합 221명의 회원으로, 작년도 노회장 레이놀즈(W. D. Reynolds, 이눌서) 선교사의 사회로 총회조직을 위한 임원을 선출했는데, 회장에 언더우드(Underwood, 원두우) 목사, 부회장 길선주 목사, 서기 한석진 목사, 부서기 김필수 목사, 회계 베어드(Beard, 배위량) 목사, 부회계 김석창 목사를 선임하였다.

※ 참고. (이눌서, 원두우, 배위량 등의 이름은 선교사들의 한국식 이름이다).

② 총회설립 기념사업

한국 장로교회는 노회설립 당시 그 기념으로 제주도에 선교사업을 개시하였고, 총회설립 기념으로 중국선교를 결정하였다. 산동성(山東省)을 선교 구역으로 정하고 내양현에 선교사를 1956년까지 파송하였다. 그 후에 박상순, 홍승한, 방효원, 이대영, 방지일, 김순호(여전도사) 등이 선교하였다.

※ 참고.〔방지일은 영등포 장로교회 원로목사(2014년 소천)이며, 김순호 여전도사는 6. 25때 이북에 남았다〕.

3) 감리교회의 조직

북 감리교회는 1890년에 계삭회(季朔會, 1년에 4차례 계절마다 모였던 구역회)와 서울, 인천, 두 지방회가 조직되고, 1901년 김창식(金昌植)과 김기범(金箕範)이 최초의 목사로 임직되었다. 1902년에는 최병헌(崔炳憲)이 목사로 안수를 받았는데, 정동교회의 설립자인 아펜젤러(Appenzeller)가 해난사고로 순직하게 되자, 곧 담임목사직을 이어받아 1903년부터 1914년까지 목회 활동을 하였다.

1905년에는 조선 선교회가 조직되었으나, 일본 주재 해리스(M. C. Harris) 감독의 권한 아래 있었다. 1906년에는 지방회가 5개 지역으로 늘어났고, 1908년 3월에 조선 선교회가 모였을 때, 선교회는 『연회』로 개편이 되고 일본에 있는 해리스(Harris) 감독의 서울 주재를 요청하였다.

그러나 일본보다 한국의 감리교회가 더 발전하여 확장되었음에도 불구하고 해리스 감독은 이에 응하지 않았다.

한편, 남 감리교도 1897년 9월 10일, 제1회 지방회를 서울에서 개최하고 구역은 서울, 개성, 두 지방으로 나누었다. 같은 해인 12월 8일, 제1회 선교연회를 클래런스 리드(Clarence F. Reid, 이 덕) 박사의 집에서 개최하였고, 1904년에 최초로 김홍순(金鴻淳)이 전도사로 인허되었으며, 중국 감리회에서 독립하기는 1906년이다.

그렇지만 제도적으로 무슨 큰 차이를 가져온 것은 아니었다. 단, 한 가지 차이점이라면, 이제는 자유롭게 행정구역을 나누거나 설치할 수 있다는 것이었다. 따라서 1908년에는 지방회가 경성, 개성,

원산, 셋이 되었고, 1910년에는 일곱으로 늘어났다. 감리교회는 이와 같이 1885년 이래 『남 감리교』와 『북 감리교』, 두 교파로 나누어져 있었다.

그러나 1926년에 합동 운동이 일어나 합동을 위한 연구위원 각 5인씩 선출하여 1927년 6차의 회합을 가졌고, 드디어 1930년 12월 2일 100명으로 구성된 제1회 총회가 서울 협성신학교 강당에서 회집 되었다. 여기서 헌법과 규칙을 제정하고 교단 명칭을 『기독교 조선감리회』라고 하였다.

그리고 동년 8월에 제1대 감독으로 양주삼(梁柱三) 목사를 선출하여 같은 달 10일에 정동교회당에서 취임식을 거행하였고, 1934년에는 선교 50주년 기념식을 거행하였으며, 그 당시의 교세는 다음과 같다.

- 교회   900개소
- 남, 여 교역자   450명
- 선교사   110명
- 교인 총수   60,000명
- 전문학교   3개
- 남, 녀 고등학교 10개
- 초등학교   65개
- 강습소   75개
- 유치원   95개
- 병원   7개
- 사회관   5개
- 성경학교   5개

10장 | 일제 치하의 교회

1) 겨레와 함께 십자가를 메는 교회

① 105인 사건

일본은 교회세력이 가장 왕성하고 교육기관이 많은, 그리고 배일(排日) 사상이 강했던 평양, 정주, 선천 출신들의 중심인물로 조직된 신민회(新民會, 항일독립운동단체)를 타도하려는 음모를 꾸몄다. 일제의 강압에 의해 『독립협회』가 해산되자 안창호, 전덕기, 이승훈, 안태국, 이동휘 등은 교회지도자들을 망라하여 배일 결사대인 『신민회』를 조직한 것이다.

그 회원은 애국 사상이 투철한 자를 선발하여, 각기 위와 아래 사람은 알되, 그 좌우는 알지 못하게 하고, 회원의 생명과 재산은 회의 명령에 복종하는 강력한 독립단체였다. 그 회의 계통인 평양 『대성학교』와 정주 『오산학교』는 항일 독립운동을 목적으로 세운 학교이고, 평양 『숭실학교』와 선천 『신성학교』 등은 기독교계의 배일(排日) 사상이 농후한 학교였다.

또한, 평양, 정주, 선천 교회들은 민족운동의 본거지였다. 그러므로 안창호는 평양에서, 이승훈은 정주에서, 양전백은 선천에서 강력한 민족운동을 전개하였다. 이에 일본 경찰은 이 독립단체를 말살하려는 음모를 꾸몄는데, 그들이 꾸민 음모는 대략 다음과 같은 조작극이었다.

1910년 12월 27일 신민회(新民會)를 중심한 교회 지도자들이 압록강 철교 준공식에 참석하는 데라우찌(寺內正毅) 총독을 선천 역에서 저격하려고 평양, 정주, 선천 등지의 동지 60여 명이 신성 학교 제6 교실에 모여, 신성 학교장 모쿠네(G. S. Mocune, 윤산온)의 '다윗과 골리앗'이란 격려사가 있은 후, 제7 교실 천정에 숨겨두었던 권총 75정을 제공하였다.

일행은 치밀한 계획을 세우고 선천 역에 나갔으나, 그 열차가 그냥 지나쳐 버림으로 허사가 되었고, 다음 회로(回路)에 거사(擧事) 계획을 하고 선천 역에 일행들을 배치했으나, 일본 경찰의 삼엄한 경계로 인해 또 실패하고 말았다. 그러나 매우 치밀하게 조직된 결사대였기 때문에 탄로는 나지 않았다.

그런데 일본 경찰은 이 사건이 발각되었다는 허위조작을 해서 1911년 10월에 양전백, 이승훈, 이명용, 김동원, 윤치호, 안태국, 유동열, 이춘섭, 정익노, 홍성익, 장관선, 백일진, 김창건, 옥관빈, 최성주, 차이석 등 목사 6명과 장로 50명, 집사 80여 명을 포함한 관서지방의 교회지도자 500여 명을 검거하여 투옥하였다.

이것을 데라우찌 총독 사건이라 하여, 그중 기소된 자가 105명이었으므로 『105인 사건』이라고 한다. 혹독한 고문을 가하였고, 살인죄를 적용하려고 하였으나, 결국 이승훈 등 7명에게만 형식적인 형이 구형되었고, 그 외에는 모두 무죄 석방되었다.

이로써 일제의 악랄한 수법이 만천하에 드러났고, 이를 계기로 기독교 지도자들의 독립정신은 오히려 앙양(昻揚)되었다. 그러나 이 파동으로 인한 여파로 한동안 교회가 흔들리기도 했으나, 은연중(隱然中) 교회는 더욱 내실화되었다.

2) 3.1 독립운동

① 3.1 독립운동 시위

기미년(己未年, 1919) 독립운동 시위의 독립선언서 대표 33인은 다종교인들이었고, 그중에서 절대다수가 기독교인이었다. 3.1 독립시위가 있기까지는 국내외 기독교 지도자들의 계속적인 독립운동의 영향이 컸다.

3.1 운동은 일본 통치권을 벗어나서 미국, 중국, 만주 등지에 흩어져 있는 해외 동포들로부터 시작된 것으로, 중국 상해에 있던 김규식, 여운형, 선우혁, 서병호, 신석우, 장덕수 등이 『신한 청년당』을 조직하고 김규식을 『파리강화(평화)회의, 1919~1920』에 파견하여 조선의 독립을 호소하는 한편, 선우혁을 국내로 보내어 국내 지도자들이 독립운동 시위를 선동하도록 연락하였고, 미국에서는 이승만, 정한경 등의 주동으로 『대한인 국민총회』와 안창호가 주동인 『흥사단』 등을 통하여 3.1 운동을 전개하였고, 러시아 연해주에서는 이동휘 등이 3.1 운동을 일으켰으며, 일본 동경에서는 YMCA를 중심한 학생들이 3.1 운동에 나섰다.

국내에서 3.1 운동을 계획한 곳은 서울, 평양, 정주 세 곳이었는데, 서울은 손병희, 최 린 등의 중심인물과 기독교 측의 함태영, 박희도, 이갑성 등이 중심인물이었으며, 평양은 김선두, 변인서, 도인권, 이덕환 등의 기독교 목사와 장로, 정주는 이승훈, 이명룡 장로, 김병조 목사 등이 주동이 되어 3.1 운동을 전개하였다.

한편, 중앙중학교 교장 송진우와 교사 현상윤, 사학가 최남선 등의 알선으로 기독교 측과 천주교 측의 연합전선이 이루어졌고, 이승훈, 함태영, 박용희 등의 단호한 결단이 아니었다면, 3.1 운동이 전국적인 거사(擧事)가 되기는 어려웠을 것이다.

『독립선언서』 민족대표 33인의 종교적 성분을 보면, 기독교 측 16인, 천주교 15인, 불교 측 2인이었다. 이로써 3.1 운동의 주도권이 기독교 측에 있었음을 시사하며, 3.1 운동 만세시위 역시 전국에 산재한 교회가 중심이 되었던 것이다.

기미년(己未年, 1919) 3.1 운동 시위는 서울, 평양, 진남포, 안주, 정주, 관산, 선천, 의주, 원산 등, 제1회 만세시위가 모두 교회의 주동이었고, 그 후로 연속된 운동도 대부분 교회가 중심이었다. 제1회 시위 때 독립선언서 민족대표 33인 중, 김병조 목사를 제외한 전원이 체포되어, 제1회 독립 시위가 좌절되자 서울 승동교회 목사 김상진, 안동교회 목사 김백원, 전주교회 장로 조형균, 의주교회 집사 문일영 등이 중심이 되어 독립을 요구하는 호소문을 작성하여 3월 12일 조선 총독에게 제출하고 서울에서 제2회 독립 시위운동을 벌였다.

3.1 운동 시위로 인하여 많은 백성이 검거 투옥되었고, 혹은 희생

이 되었으며, 재산 피해도 많았는데, 그중에서 집단 참화를 당한 교회와 학교 등 몇 곳만 살펴보면 다음과 같다.

『수원 제암리교회 집단학살사건』, 『강서군 사천교회 학살사건』, 『강계교회 학살사건』, 『위원교회 학살사건』, 『맹산교회 학살사건』, 『서울 십자가 학살사건』, 『북간도 노루바위 학살사건』 및 각지 교회의 산발적 학살사건과 『정주읍 교회당 전소』, 『정주 오산고등학교』 등의 재산 손실과 익산지역 3.1 운동 지휘자로 남전리 교회학교 교사였던 문용기(文鏞祺)는 태극기를 들고 만세를 외칠 때에 일본 헌병이 오른팔을 내려치자, 왼팔로 태극기를 들고 외쳤고, 왼팔도 내리치자, 두 팔을 잃은 채 목청이 터지도록 만세를 부르짖다가 칼에 배를 찔려 선혈을 뿜으면서 쓰러진 희생과 16세 소녀 유관순(柳寬順)이 만세운동 지휘자로 체포되어 공주, 서울 등 감옥에서 옥고를 치르면서도 초지일관, 그 절개를 굽히지 아니하다가 독살당한 희생 사건 등의 순국 정신은 우리 민족 자손만대로 영원히 잊지 말아야 할 것이다.

독립운동은 이러한 희생이 있었을 뿐, 결국 실패로 돌아가자 1919년 4월 중순경, 평양 남산현교회 목사 이규갑, 공주 감리교회 목사 현석철, 서울 새문안장로교회 목사 박용희, 의주교회 장로 장붕 등이 주동이 되어, 서울에서 『한성 임시정부』를 조직하였다.

그러나 국내에서는 임시정부의 활동이 어려워지자, 이규갑 등이 『한성 임시정부』를 상해로 옮겨 『상해 임시정부』와 합류하였는데, 그 임시정부 각료 층추 인물들이 기독교 지도자들이었다. 이를 볼 때에 3.1 운동의 발상지가 교회요, 그 주동 인물들이 교회지도자들이었으며, 그 희생도 교회가 많이 당하였으므로, 3.1 운동과 교회는 혼연일체(渾然一體)였다고 해도 과언이 아닐 것이다.

② 3.1 운동과 선교사들

3.1 운동 당시 국내에 주재한 선교사는 약 400명에 달하고 있었다. 그들은 한국을 위하여 왔기 때문에 한국민의 독립운동에는 동정적이었으나, 정교분리(政敎分離)를 원칙으로 하는 입장이었으므로, 처음에는 관망하다가 일제의 비인도적 만행에는 더 이상 관망할 수 없어서 일제의 만행을 국외(國外)에 알리는 등, 안간힘을 썼다.

이에 앙심을 품은 일본 경찰들에 의해 선교사들은 가택 수색을 당하기도 하고, 혹은 구타를 당하기도 하며, 국외로 추방을 당하기도 하였다. 그 실례로 3.1 운동에 가장 동정적이었던 세브란스 의학교 교수인 스코필드(Schofield, 석호필) 박사도 추방을 당하였다. 이 스코필드 박사(외국인 최초의 대한민국 독립유공자)를 34인으로 지칭하기도 한다.

선교사들이 해외에 전파한 3.1 운동 사태의 진상으로 일본 정부가 궁지에 몰리게 되자, 일본 기독교 동맹 대표들이 내한하여 진상을 조사하고 일본시사 신보에 게재한 논평에는「조선의 그리스도교와 선교사에 관한 일본인의 이해를 촉구함은 우리의 임무이다. 조선에는 그리스도교인 30만이요, 교회가 3,292 거처요, 목사, 선교사 수가 2,441명인데, 그중에 외국 선교사가 약 4백 명이다. 이같이 큰 세력을 무시하고 선교사들을 각국의 간첩처럼 몰았다는 것은 천박하고 편협한 처사로 심히 유감되다」라고 하였다.

당시에, 총독부가 선교사들에게 조선인 무마(撫摩)를 부탁할 때「우리는 정치에는 관여하지 않으며, 전국에 번진 정치적, 사회적 불편을 진압할 능력도 없고, 다만 복음을 전하여 영혼을 구원하며, 정신적 위안을 줄 뿐이다」라고 하여 그들의 요청을 일축하였다.

3) 3.1 운동의 결과

① 망명 임시정부 수립

임시정부는 꾸준히 항일 독립운동을 추진하여 제2차 세계대전에 대한 광복군의 참전으로 오늘의 조국 해방에 큰 기여를 하였다.

② 일제로 하여금 무단정치를 포기하고 문화정치를 실시케 하였다. 우리 민족은 이 문화정치를 이용하여, 문화사회 운동을 통한 점진적 실력을 양성하고, 뒤늦게나마 근대화를 위한 역량을 집결하였으며, 이를 통한 저항의 길을 찾아 장래의 독립을 기약하게되었다.

③ 가장 중요한 것은 민족의 공동체 의식이 행동으로 나타났다는 것이다. 모든 종교, 모든 단체, 온 국민이 하나가 되어 통일에의 가능성을 보여 준 것이다.

11장 | 수난에 대처하는 교회

1) 교회 진흥 운동

① 제1차 진흥 운동

1919년 10월 4일, 제8회 장로회 총회는 3.1 운동 참화를 벗어나, 그 저력을 되살려서 전국 12개 노회 대표 각 3인씩으로 구성한 『진흥위원회』를 설치하기로 하고 베어드(Baird, 배위량) 선교사를 위원장으로 하여, 1921년까지 3년간을 진흥년(振興年)으로 정하였다. 제1년은 기도와 개인전도, 제2년은 부흥회와 단체 전도, 제3년은 유년 주일학교 부흥 년으로 정하고, 일대 부흥 운동을 전개하게 되었다.

각 노회는 부흥위원회 지부를 설치하고 총회 부흥위원회와 협력하여 전국교회의 진흥발전 운동을 전개하였다. 특히 제1년에는 각 교회에 부흥 비교표를 배부하여, 그 실적을 노회에 보고하도록 하고, 제2년에는 전국교회가 연 1회, 또는 2회의 부흥 사경회(査經會)를 개최하였고, 지방마다 연합부흥 사경회와 노회는 연 2회 회기마다 대부흥회를 개최하였다.

그 결과 평양, 선천, 재령 등지의 연합사경회로 매회 수천, 수만 명이 운집하는 놀라운 성과를 거두게 되었다. 사경회 기간은 1주간, 또는 10일간이었는데, 집회마다 수십 명, 수백 명의 결신자를 얻는 놀라운 성과를 거두기도 하였다. 이때 크게 활약한 부흥사는 길선주(吉善宙), 김익두(金益斗) 목사였다.

감리교회도 1920년 이래 진흥 운동을 전개하였다. 1923년에는 미 감리교 동양선교 75주년 기념으로 신자 5할(50%) 증가, 전도 운동과 지교회 진흥 운동을 벌여 1921~1924년에 즈음하여 교회 17개처, 교인 16,613명을 얻는 큰 성과를 거두었다. 이때 남 감리교회 부흥사는 유한익 목사였다.

1922년에는 출옥된 3.1 운동 주동자인 이승훈(李昇薰, 오산학교 설립자) 장로가 1923년 9월 8일 제12회 장로회 총회 석상에서 『조선예수교 연합전도회』 조직을 제안하자 총회가 이를 채택하고 연합전도 운동을 전개하였다.

이에 호응하여 일어난 전도단은 『서울중앙 전도단』, 『기독교 연합회 전도단』, 『해동 전도단』, 『대구연합 전도단』, 『예수교 청년연합회 하기순회 강연단』, 『남 감리회 순회전도단』, 『서울 여자기독교청년 강연단』, 『동경유학생 모국방문 전도단』, 『숭실대학, 연희전문, 이화전문학생 강연단』과 기타 여러 기독교학교 전도단들이 대거 참여하여 일대 부흥 운동을 일으켜 큰 성과를 거두었다.

② 제2차 진흥 운동

1929년부터 한국교회는 제2차 진흥 운동을 전개했는데, 그 출발은, 그해 9~10월에 서울에서 열리는 전국 박람회 기간을 이용하여 전국에서 모여온 박람객들에게 전도를 개시하는 것이었다.

광화문 네거리에 임시로 전도관을 세우고 50일간에 98회의 전도, 강연 등을 통하여 청강자 27,000명 중 결신자 3천여 명을 얻었고, 한편 감리교회도 스토크스(M. B. Stokes, 도마련) 선교사와 원익상 목사 주관의 서울중앙 전도관은 1925년 창설 이래 4년간에 걸쳐 전도한 청강자 67,748명 중 결신자 9천여 명과 신설교회 5개 처를 얻는 큰 성과를 얻었다.

1930년 9월 12일, 제19회 총회는 『교회진흥방침 연구위원회』를 설치하고 교회발전에 관해 연구회를 위촉한바, 다음 해 1931년 9월 11일, 제2회 총회는 진흥 운동 3개년 방안 계획을 채택하였다. 제1년은 특별기도회, 헌신, 성경 보급, 제2년은 각 교회와 기관 단체들의 부흥 전도회 개최, 제3년은 기독교 문화 운동이었는데, 이 운동은 2년을 더 연장하여 1935년까지 계속하였다.

또한, 장로교 총회는 진흥위원을 전국적으로 모집하여 1935년까지 회원 수는 4천 명에 도달하였다. 제2차 부흥 운동에 큰 역할을 한 부흥사로는 역시 길선주, 김익두 목사와 감리교의 정남수 목사였다.

2) 청년 운동

① 교회의 청년지도

거국적 3.1 운동의 결말로 민족지도자들의 구속과 애국자들의 망명 등은 교회지도자들의 결여(缺如)로 교회가 허탈 상태에 빠지게 되었고, 이러한 민족 봉기의 여세를 역이용하려는 사회주의, 공산주의

자들이 대두하여 활동을 전개하므로, 교회 청년들 가운데는 보수주의 사상을 기반으로 한 기독교 사상과 새로운 사조(思潮) 사이에서 갈등과 고민을 하게 되었고, 신(新)사조에 휩쓸려 교회를 떠나는 청년들도 있었다.

또한, 일제의 식민지화 정책은 날로 가혹하여 교회 청년들을 그대로 방치할 수 없는 상태에 이르렀다. 이 신사조(新思潮)에는 진화론 등, 신사상 도입으로 성경 원전(原典)에 대한 고등비평(高等批評)이 생기게 되었고, 사회주의 청년단체가 발행하는 『개벽잡지』 등은 청년들을 사회주의 경향으로 유도하고 있었다.

여기에 경제 공황마저 겹쳐 청년들은 사회주의 또는 공산주의의 유혹을 받게 되었다. 이에 당황한 교회지도자들은 1952년 12월 27~29일, 『세계기독교 청년연맹』의 맷(G. R. Matt) 박사 내한으로 한국 기독교 교회 대표 29인, 선교사 대표 29인으로 구성된 연구위원회를 개최하여, 한국교회의 당면 문제를 연구하고 토의하였다.

이 연구 발표의 일절에는 「현재 청년들은 불안한 상태에 빠져 있음이 사실이다. 예수 그리스도와 그 경륜에 대한 적극적 반대는 없으나 교회에 대하여는 반대 의사가 있으니, 그 원인은 사회주의 영향과 종교 및 교회를 비판하는 공산주의 서적을 읽는 데서 온 것이다」. 한편 「교회를 잘 이해하는 청년들은 교회 개선의 필요를 느껴 교회의 문화 정도를 높이고 한국인에게 맞는 교회로 개선해야 할 것이며, 지적, 영적으로 현대 청년들을 잘 지도할 수 있는 영향력 있는 교역자를 양성해야 한다.

현대 청년들의 불만, 불평하는 태도는 교회에 대해서만이 아니고

위정자나 사회 제도에도 있었다. 그 원인은 조선의 경제 파멸에 기인한다. 이에 교회는 청년들을 동정하고 도와주어야 하며, 사회 청년들에게 대해서도 그렇게 하여야 한다. 복잡한 현대 생활과 유물 사상의 범람으로 갈피를 못 잡는 청년들에게 교회는 그 길잡이가 되어야 한다」라고 하였다.

② **YMCA**(Young Mens Christian Association)**운동**

YMCA 운동은 교회나 국경을 초월한 세계적인 청년회 운동으로, 영국의 기독교 사업가 조지 윌리엄스(G. Williams)에 의하여 기독교적인 지(知), 덕(德), 체(體)의 3요소를 청년들에게 함양시키려는 목적으로 1844년에 기독교 청년회를 조직하고 활동한 것이 첫 출발이다.

그 후 1885년에 프랑스 파리에서 YMCA 대회를 열었을 때 「Y 운동은 예수 그리스도를 구주로 믿는 신앙과 생활로 그의 제자가 되기를 원하는 청년들이 하나로 뭉쳐서 그 힘을 합하여 그들 가운데 그 나라가 확립됨을 힘쓴다」라고 하여, 젊은이들이 하나가 되어 그들에게 하나님 나라의 성취를 힘쓰는 일을 Y 운동의 목적으로 선언하였다.

한국 YMCA는 1900년 영국에 유학하고 돌아온 여병현(呂炳鉉)이 주동이 되어 Y 운동의 필요성을 역설하자 언더우드(Underwood) 선교사가 곧 『세계기독교 연맹』 총무인 맷(Matt) 박사에게 그 실정을 전하였고, 맷 박사는 상해에 있는 동양 순회 총무 라이언(D. W. Lyon)을 한국에 파견하여 조사하게 한 후, 1902년에 질레트(P. L. Gillett)를 서울에 보내어 YMCA 설립을 위한 기초 작업을 마치고, 1903년 10월

28일, 서울 정동 유니온 클럽에서 37인의 발기인이 모여 『황성기독교 청년회』를 조직하고, 회장에 게일(Gale) 목사, 총무 질레트(Gillett), 한인 총무 김규식 등을 선출하고 활동을 전개하였다.

다음 해 1904년에는 독립협회 사건으로 구속되었던 이상재(李商在) 등, 독립투사들이 Y 사업에 가담하면서 크게 발전되었고, 1907년에 미국의 어느 기독 실업가의 거액의 기금과 현흥양 씨의 900여 평의 건축용지 기증으로 종로에 연건평 1천여 평의 3층 양옥 회관을 신축하여 활동이 더욱 활발하게 되었다.

1910년에는 지방 도시에 지회와 대학교와 주일학교에 학생 기독교 청년회를 설치하기 시작하여 1914년에는 시(市) YMCA 5개 처와 학생 YMCA 9개 처가 설치되었고, 1920년에 윤치호(尹致昊)가 회장이 되고, 신흥우는 총무, 이상재가 종교부 지도자가 되면서부터 사업이 크게 발전되어 전국 주요 도시마다 YMCA가 설치되었다.

이 운동의 문화 사업으로 1914년에 기관지 『청년』 발행을 필두로 『양심의 해방, 신흥우 작』, 『대발견, 김창제 작』, 『혼돈에서 서광』, 『정말 농촌』 등의 단행본 책자들을 발행하여 청년들의 지덕과 사상을 높였고, 동년 YMCA가 주동이 되어 전국 각종 청년회를 망라하여 『예수교 청년연합회』를 조직하고 강력한 청년 활동을 전개하였으며, 1925년 9월 한국 YMCA는 세계 YMCA에 가입하여 한국 청년의 세계 진출을 도모하는 한편, 현대음악도 보급하였다. 그리고 1927년부터는 신흥우, 홍변선, 이대위 등이 농촌운동을 전개하였다.

이처럼 YMCA 운동은 정치, 경제, 문화, 사회, 독립운동 등, 각 방면에서 민족사회에 크게 공헌하였고, 이러한 활동의 기반에는 국권을 잃어버린 식민지 민족으로서의 독립사상이 뒷받침되었다.

③ YWCA(Young Womens Christian Association) 운동

YWCA는 1884년 영국에서 교파와 국경을 초월한 기독교 청년회의 이념을 받아들여 기독교 정신을 부녀자의 실생활 문제와 사회 행위에 적용하고 실천하려는 노력으로 출발하였다.

이 단체조직의 기원은 아더 킨나드(Arehur Kinniard) 여사가 크리미아(Crimean, 크림전쟁 1853~1856년 러시아 제국과 연합군 사이의 크림반도 흑해를 둘러싸고 벌인 전쟁) 전쟁에서 간호 활동을 하고 돌아온 간호사들을 위해 개설한 여성 생활 훈련소 사업과 Miss 엠마 로버트(Emma Roberts)가 주관한 여성기도단의 활동에서 비롯되었다. 이 두 단체는 각기 기독교 안에서 직장에 종사하며, 여러 가지 형편에 있는 각계각층의 젊은 여성들로 하여금 기독교 정신으로 생활을 하게 하는 사업으로 영국 각지에 퍼져 나갔다.

이렇게 자란 두 조직이 1877년에 정식으로 『여자기독청년회』라는 명칭으로 통합되었다. 이때는 영국의 산업혁명으로 젊은 여성들이 구직(求職)을 위해 도시로 몰려드는 때였으므로, 이 운동은 급속히 발전되었다.

이와 때를 같이하여 미국 사회에서도 도시로 몰려든 직업여성들을 위해 1858년 뉴욕에서 로버트(Roberts)가 주동이 되어 기도단을 조직하고 지(知), 덕(德), 체(體)의 복지를 위한 종교 생활을 지도하였다.

미국에서는 처음으로 보스톤(Boston) 지역에서 YWCA라는 명칭을 사용하였는데, 주로 종교활동으로 시작한 이 단체들은 여성들의 당면 문제와 요구에 따라 프로그램이 전개되었다. 이렇게 미국 내에서 YWCA가 성장하는 한편 교회의 선교 활동 팽창과 더불어 국제적 여성 기독화 운동에 관심을 두게 되었다.

이로써 영국, 미국, 스웨덴, 노르웨이 등, 구미 YWCA들은 1894년『세계 YWCA』라는 국제기구를 조직하였다. YWCA는 국제적 협조와 유대를 강화하기 위해 1966년에는 13명의 간사를 해외에 파견하기 시작하여, 1917년과 1921년 사이에는 170명의 해외 간사들이 한국, 중국, 일본, 인도 등지를 포함한 동양 각국과 남미 여러 나라에도 파견되었다.

이들은 당시 정신 여학교 외국인 교사 집에 머물면서 재경 여성 지도자들을 초대하여 YWCA 이념과 조직 활동을 지도하였고, 이에 힘입어『여자기독청년회』가 각 지역에 창립되었다.

- 평양 여자기독교청년회 (1920년 5월)
- 신의주 여자기독청년회 (1920년 5월 5일)
- 성진 여자기독청년회 (1920년 5월)
- 선천 여자기독청년회 (1920년 6월 29일)
- 대구 여자기독청년회 (1921년 3월 6일)

1921년 봄 김필례는 재경(在京) 선교사들과 여성 지도자들을 차례로 방문하며 YWCA 연합회 조직을 상의하던 중, 1922년 3월 초에 신의경, 유각경, 김환란 등과 모임을 갖고 YWCA 연합회 조직을 구상하고, 같은 해 3월 27일 남녀 유지 30여 명이 경성여자교육협회에서 제1차 발기인 대회를 열고 회장에 유각경, 위원으로는 김환란, 김필례, 방신영, 김살로매, 김경숙 등을 선출했다.

1차 발기인 대회에서 YMCA 총무 신흥우는 세계 YWCA 내력과 사업을 설명하고, 그해 4월 북경 청화대학에서 열리는 만주 기독 학생 청년회(WSCF) 총회에 감리교 여성대표 김환란(金活蘭)과 장로교 여성대표 김필례(金弼禮), 2인이 참석하도록 주선하였다.

북경에서 돌아온 김필례와 김활란 두 사람은 장로교, 감리교 양 교단에 그 상황을 보고하고, YWCA 조직의 필요성을 역설하였다. 그 조직의 첫 방법으로, 세 차례의 발기인 회의에서 결정한 대로 1922년 6월 18~23일까지 협성 여자 성경학원에서 전국 공사립 고등여학교 대표와 각종 여성단체를 초청하여 제1회 『조선 여자 기독교청년회』 하령회(夏令會)를 열고 마지막 22~23일, 양일간 발기 총회를 열어 한국 YWCA를 발족시키기로 합의하고, 회장에 유각경, 부회장 홍 에스더, 서기 신의경, 부서기 김함라, 총무 김필례를 선출하였다.

그리고 총무로 하여금 각 지방을 순회하며, 각 지방 YWCA를 전국 YWCA에 가입할 것을 권고하고, 다음 해 8월 18일 전국 34개 지방 대표가 서울 협성 여자 성경학원에 모여 동 연합회 창립총회를 조직하고 명예 총무 마리시를 포함하여 임원들을 추대하고 본격적 연합 활동을 벌였고, 1923년 8월에 열린 제2회 총회에서는 세계 YWCA에 가입추진을 결정하고, 그 후 1924년 5월 워싱턴에서 세계 YWCA 실행위원회가 열렸을 때, 당시 미국 위원회는 토의 끝에 한국은 개척회원국으로 승인하였다.

그 사업 활동으로는 수양회, 하령회, 금주, 금연, 신생활개선, 여성의 지위 향상, 공창 폐지, 물산장려, 지방 여학생을 위한 기숙사 설치 등으로 신앙 운동과 사회 운동을 함께 벌여 여성 지위 향상에 크게 공헌하였다.

④ **면려(勉勵) 청년회**

면려 청년회는 회원 상호 간의 교제와 친목을 중심으로, 기독교 사랑의 계명을 실천하는 기독 청년 신앙운동의 모임이다. 이러한 미국 장로교회의 청년 운동을 전해 들은 한국 장로교회에서도 서울 새문안, 승동, 선천 북교회 등이 면려회(勉勵會)란 명칭으로 청년회를 두었으나 발전하지는 못하다가 1921년 2월 경상북도 안동읍 교회(현, 안동교회)에서 선교사 앤더슨(Wallis Anderson, 안대선)의 발의로 면려회가 조직되었다. 곧바로 지역 교회들의 뜨거운 호응을 받은 면려회는, 그해 6월 7~9일에 경상북도 북부지역 연합회로 조직되었으며, 9월에 개최된 제10회 장로교 총회에서 전국의 교회마다 면려회를 조직하도록 결의했다.

※ '면려'(勉勵, 스스로 애써 노력하거나, 남을 고무하여 힘쓰게 함)

면려회 회원들은 『실생(實生) 회원』, 『학습회원』, 『명예회원』 등으로 구분되었다. 실생회원이 되려면 나이 17세 이상 40세 이하의 세례교인이어야 하며, 그리스도의 품성을 가지고 그의 삶을 본받아 살겠다고 서약을 해야 한다.

a. 내가 주 예수 그리스도의 능력을 의지하여 주님이 기뻐하시는 일을 봉행(奉行)하기로 힘쓸 것.

b. 내가 정한 뜻으로 매일 기도하기와 성경 읽기를 끝까지 힘쓸 것.

c. 내가 있는 교회의 진흥하는 일에 힘써 그리스도인의 본분인 의무를 지키기로 힘쓸 것.

d. 내가 본회의 일체 의무를 다 실행하되 매 주일 본회 예배시간에 출석하여 찬송하고 기도하며, 성경을 읽고 증언하는 일분자(一分子)의 직책을 담당하기로 힘쓸 것.

e. 내가 매삭(每朔) 헌심회(獻心會) 때에 혹 출타하여 돌아오지 못하였든지, 또는 부득이한 사고로 참여치 못할 경우에는 호명할 때에 대답으로 성경 말씀 외울 절수를 기록하여 본회 회원에게 편지로나 전편으로나, 신실하게 송부하여 대신 외워 정신적으로 참석함을 표하기로 힘쓸 것.

전국의 교회들이 『그리스도와 교회를 위하여』라는 표어를 내걸고 이와 같은 면려 운동을 전개했다(한국민족문화대백과, 한국학중앙연구원 참고). 1923년에는 전국 약 200여 지회가 설립되었고, 1924년 12월 2~5일, 서울 성경학원에서 『기독 청년 면려회 조선연합회』를 조직하였다. 그리고 같은 해에 세계기독 청년 면려회에도 가입하여 기독 청년들의 세계 진출의 문호를 개방하게 되었다.

3) 소년 운동

① 유년 주일학교

교회 내 유년 주일학교 제도의 창시자는 영국의 로버트 레이크스(R. Raikes)로, 그가 1870년 극빈 소년 몇 명을 모아 놓고 주일에 성경을 가르치기 시작한 것이 19세기 말에는 전 세계로 확장되었다. 한국교회 초창기에는 청장년을 위주로 하는 교회였고 유년 아동들을 상대로 전도나 교육을 시키는 일이 없었다.

그러다가 3.1 운동 이후 교회지도자들을 많이 잃은 한국교회는 유년부터 교육해야 한다는 생각을 갖게 되었다. 한국교회의 유년 주일학교 출발은 처음에는 오전 장년 반에 편입하여 공부하다가 1905년 『선교 연합공의회』가 조직이 되면서 주일학교 위원회가 설치되어 주일학교 공과 발행을 시작하였다.

1908년 4월에는 『세계 주일학교연합회』의 브라운(Brown)과 해밀톤(Hamilton) 목사가 내한하여 유년 주일학교 설치 필요성을 역설하였고, 이에 서울 연동교회, 평양 장대현교회, 남산현교회, 선천 북교회, 의주 서부교회가 소아회(小兒會)를 만들어 따로 공부를 시작하게 되었다.

1911년 4월에 세계 선교협의회 브라운(Brown) 목사가 다시 내한하여 『세계 주일학교 통일공과』를 출판하게 되었다. 선교사 중심의 위원회는 한국인 목사들도 위원으로 참여토록 하였으며, 이 위원회에서는 통일 공과를 편집하여 『주일학교 공부』라는 이름으로 출간하였다.

주일학교는 1905~1911년 사이에 급속히 발전하였는데, 1913년 4월 19일 경복궁 뒤뜰에서 개최된 주일학교 대회에서는 14,700여 명이 모여 세상을 놀라게 하였다. 1920년에는 배위량(Baird, 베어드)

선교사의 지도아래 주일학교 촉진 운동이 일어나 같은 해에 주일학교의 수가 10,000개에서 14,000개로 증가하게 되었다.

1920년에 홀드크로프트(Holdcroft, 허대전) 목사가 주일학교 위원회 총무로 취임하여 크게 활약하였고, 주일학교를 위한 책자도 여러 권 발간하였다. 그중에 『아이 생활지』는 읽어 보지 않은 사람이 없을 정도로 널리 보급되었으며, 아동들의 신앙 성장에 큰 도움을 주었다.

② 하기 아동 성경학교

이 제도는 1901년 미국 뉴욕에서 중학생들이 여름방학 때 아동들을 모아 놓고 문자와 예수님의 봉사 정신을 가르치기 시작하였는데, 3년 후에는 전국적으로 확산되어 4천 개 학교와 50만여 명의 학생으로 확대되었다.

이 운동은 차츰 세계적으로 확산하였고, 한국에서는 정동교회에서 교사 5명, 학생 1백여 명으로 시작한 일이 있었다. 이런 운동이 점차 확산하면서 교회는 지도자가 필요하게 되었다.

1924년 3월 31일 주일학교연합회는 산하에 하기 성경학교(어린이 여름성경학교) 위원회를 두고, 『세계 하기 성경학교』 총무인 보빌(R. G. Boville) 박사를 초청하여 교과를 작성하였고, 김기연이 순회 강사로 전국 교회를 순방하며 홍보한 결과 같은 해 여름에는 46개처 2,800명의 새 학생을 얻는 데 성공하였다.

이 운동이 시작된 지 10년 후인 1932년의 하기 성경학교 실태 통계는 학교 수 1,071개교, 학생 수 70만여 명에 달하였다.

③ 성경 구락부

평양 숭실대학 교수 킨슬러(F. Kinsler, 권세열) 박사는 배움의 기회를 놓친 아동들의 단기교육을 위하여 성경 구락부(그룹, 클럽) 사업을 시작하였다.

처음에는 『개척 구락부』라고 하였으나, 급격히 발전되어 당년 13 구락부, 학생이 5백여 명으로 확대되어 이를 『아동 성경 구락부』로 개명하였다. 성경을 소재로 한국어 독본을 만들었고 산수, 지리, 자연 등의 초등학교 교과서를 그대로 사용하였다. 1주에 5일간 매일 3시간씩 1년간 소정의 과목을 이수하고, 매주 1일은 구락부 날로 정하고 신앙생활을 훈련시켰다. 초창기의 지도자들은 숭실 전문학생들이었으나, 점차 지방으로 널리 퍼져서 전국적으로 교회를 학교로 하여 많은 아동들의 교육과 인재를 양성하였다.

이러한 성경 구락부는 한국교회 발전과 전도사업에 큰 몫을 담당하였다.

12장 | 한국교회의 내외 활동

1) 해외 선교사업

① 일본 선교

1907년 장로회 대한 노회(독노회, 獨老會)가 조직되면서 기념사업으로 최초의 안수목사 7인 중 한 사람인 한석진(韓錫晋) 목사를 1909년 동경으로 파견하여 선교사업에 착수하였다.

1911년에는 동 선교사업을 장로교, 감리교 연합선교회로 이관하여 주공삼 목사를 선교사로 파송하였고, 1925년에는 장로교, 감리교연합 전도국이 설립되어 국장에 차상진, 회계 클락(C. A. Clark, 곽안련)으로 그 업무를 맡겼으며, 임종순, 오기선 목사를 선교사로 파송하였다.

1922년 장로교 총회는 일본 고베(神戶)에 김이곤 목사를 파송하였고, 1924년 장로교, 감리교 연합선교회가 오사카(大阪)에 박연서 목사를 파송하였다. 한편 1927년 신학 노선 문제로 캐나다 선교회를 탈퇴한 영(L. Young, 영재형) 목사가 도일하여 일본관서 지방에서 선교활동을 하였다.

1933년에는 도쿄, 오사카, 고베, 나고야, 교토 등 대 도시와 지방까지 한인교회가 설립되었다. 당시 재일(在日) 한인교회 교세는 교회당 46개처, 선교목사 9명, 전도사 7명, 신자 2,400여 명으로 발전하였다.

② 시베리아 선교

1909년 9월 3일, 평양신학교에서 개최된 대한 노회가 최관흘(崔寬屹) 목사를 시베리아에 파송하여 선교에 착수하였으므로, 그곳 선교사업은 크게 발전되었다.

그러나 희랍 정교회의 방해를 받아 중국 하얼빈에서 선교하던 손정도 목사와 최관흘 목사 등이 검거되어 개종(改宗) 압력을 받던 가운데 최관흘(崔寬屹) 목사는 정교회로 개종하였고, 손정도(孫貞道) 목사는 불응하였으므로, 1912년 8월 국내로 압송되어 남산의 조선총독부 유치장에 수감된 후 모진 고문과 취조를 받았다. 장로교 총회는 정교회로 개종한 최관흘 목사를 제적(除籍)시켰다.

이로써 시베리아 선교사업은 일시 중단되었다. 그러나 이미 신설된 교회들이 장로교 총회와 감리교 연회에 계속해서 선교사 재 파송 청원이 있었으므로 장로교 총회는 수차에 걸쳐 현지를 시찰한 후 1918년에 김현찬(金鉉讚) 목사를 다시 파송하여 선교사업을 계속한 결과 1922년에는 교회당 34개처, 목사 5명, 교인 1,935명을 얻는 놀라운 성과를 거두게 되었으며, 시베리아 노회가 설립되는 한편, 감리교회는 1918년 시베리아 선교 재개를 결정하고 1921년에 배형식(裵亨湜) 목사를 파송하여 해삼위(海蔘葳, 블라디보스톡)를 위시한 시베리아 일대에 많은 교회를 설립하여 한국교회 선교사업에 큰 공을 세웠다.

③ 만주 선교

1908년 감리교회는 이춘화 전도사를 북간도(北間島)에 파송하여 선교사업을 착수하였다. 그러나 그곳의 사상 파동으로 중단되었다가 1919년 배형식 목사의 현지 시찰과 다음 해 1920년 양주삼, 글리던 크램(G. Cram) 목사의 현지 시찰 후 만주 선교를 결정하고, 1921년 정재덕, 최수영, 배형식 목사를 만주 선교사로 파송하여 선교에 착수하였다.

1924년에는 남만주에 최성오 목사를, 북만주에 손정도, 동석기 목사를, 하얼빈에는 김응태 목사를 파송하여 활동을 하였고, 다음 해에 만주선교지원회와 연회까지 조직되어 만주 선교사업은 활기차게 진행되었다.

장로교회는 1910년 평북 대리회가 장로교 대한 노회에 만주 선교사 파송을 청원하였으므로, 대한 노회는 그 해에 김진근 목사를 파송하여 선교를 하였고, 1911년에는 선천읍 교회 여전도회 연합회 부담으로 김덕선 목사를 봉천에 파송하였으며, 1912년에는 평북 대리회가 평북 노회로 조직되면서, 그 기념으로 최성주 목사를 서간도에 파송하였다. 같은 해에 장로교 총회가 조직되면서, 그 기념으로 김내범 목사를 북간도에 파송하였으며, 1918년 이지은, 한경희, 최봉석, 김강선, 4명의 목사를 서간도에, 백봉수 목사는 북간도에 파송하였다.

1921년에는 양준식 목사를 남만주에, 1922년에도 김범룡 목사를 남만주에, 조덕환, 이병하 목사를 북만주 등지에 선교사로 파송하여 만주 선교를 확대하였다. 그리하여 교회가 34개처, 기도처소 109처, 교인 3.327명, 목사 7명, 미국 북 장로교 선교사 1명, 장로 14명, 주일학교 34개, 소학교 22개, 성경학교 1개 등의 교세가 확장되어 남만주노회가 설립되었다. 이에 북 장로교 선교부는 흥경(興京)에 선교부를 설치하고 만주 선교에 협력하였다.

1921년에는 간도 지역에 교회 43개처, 기도처소 131처, 교인 4,468명, 목사 6명, 캐나다 선교사 1명, 장로 23명, 주일학교 33개, 소학교 31개 등의 교세를 가지고 북 만주노회가 설립되는 놀라운 발전을 이루게 되었다.

④ 중화민국 선교

1912년 9월 1일 장로교는 총회조직과 동시에 그 기념으로 중국 본토에 선교사를 파송키로 하고 1913년 김영훈, 사병순, 박태로 3명의 목사를 선교사로 선정하고, 중국 산동장로교 독회(獨會)에 선교할 구역 선정과 협조를 요청하는 서한을 보내어 협의를 거친 후 산동성(山東省) 래양현(萊陽縣)을 선교 구역으로 정하였고, 이에 3명의 선교사는 임지로 떠나게 되었다.

산동성(山東省)은 공자(孔子)의 출생지로 외래 종교에 대한 배척이 강하여서 미국 장로교 선교부의 수십 년 선교에도 불구하고 선교 실적이 거의 없는 불모지였다. 그러나 한국교회는 이 불모지가 오히려 의의가 깊다는 사명을 품고 희생적 선교를 강행한 결과 1942년 선교 30주년에는 교회 36개처, 세례교인 1,716명을 얻어 중국 선교 사상 최대의 기적을 낳았다.

1917년 방효원, 홍승환 목사를, 1918년에는 박상순 목사를 제2, 3대 선교사로 파송하였고, 1923년 이대영 목사가 제4대로, 1931년에는 김순호 여선교사가 파송되었으며, 1937년 방지일(방효원 목사의 장남) 목사가 제5대 선교사로 파송되었다.

의료선교와 교육 사업도 활발히 전개하였는데, 1919년에 김윤식 의사가 남관에 의료 선교사로, 1932년에 안중호 의사가 자마현에 각각 선교병원을 개설하여 의료선교를 하였고, 래양에는 애린학교를, 자마에도 애도학교를 세워 교육 사업도 병행하여 교세가 크게 확장되었으므로, 1933년에는 동(同) 선교지역 안에 래양(萊陽) 노회를 설립하였다.

한편 중국 본토의 교포를 위한 선교사업은 남경, 북경, 상해 등 교포가 많이 살고 있는 곳에 집중하였다.

상해(상하이) 선교사업은 1917년 여운형(呂運亨)의 장로교 총회에 선교사 파송 청원을 받고 다음 해에 선교사를 파송하기로 하였으나, 1919년 3.1 운동으로 중단되었다가 1921년에 민족대표 33인 중의 1인으로, 망명 중이었던 김병조 목사를 임시목사로 모시는 한편, 선교사 파송을 총회에 청원하였고, 총회는 송변조 목사를 파송하였다.

남경(난징)의 선교사업은 1922년부터 시작되었다. 점차 망명객과 유학생 중에 신자들이 많아지면서 1921년에 선우혁, 선우훈 형제가 중심이 되어 장덕고 목사를 청빙하여 교회를 설립하였고, 후에 장로교 총회는 장덕고 목사를 선교사로 추인하였다.

북경 선교사업은 1923년에 그곳에 유학으로 왔던 김광현 목사에 의하여 시작되었고, 1926년 북경선교는 장로교, 감리교연합 전도국에 이관되어 계속 추진되었다.

⑤ 몽골 선교

몽골 선교는 1925년 감리교의 최성모(崔聖模) 목사에 의하여 시작되었다. 그는 같은 해에 백음태래(白音太來)에 화흥교회를 설립하였다.

1935년에는 내몽고와 열하에 있는 교포들이 장로교 총회에 선교사 파송을 청원하였으므로, 총회는 의산 노회와 협의한 후 조보근(趙普根) 목사를 파견하여 선교사업을 시작하였다.

2) 문화 사업

① 출판사업

기독교 문화 운동 중, 가장 중요한 것은 성경 보급으로 성경을 역간(譯刊)하는 일이었다. 성서 공회는 1910년 성경전서 완역을 발행한 뒤에 곧 개역 위원회를 조직하고 개역(改譯)에 착수하여 1925년부터는 원전(原典)에 정통한 한인 신학자들이 개역 위원이 되어 원전에 가까운 『개역 성경』을 1956년에 출판하였다.

찬송가는 1890년에 발족한 『예수교서회』가 1908년에 장로교, 감리교 양 교파 공동사용의 찬송가를 출간하였고, 그 후 20년 만인 1928년에 장로교, 감리교 양교파 공동 집필의 『신정 찬송가』를 출간하였다.

그리고 각급 기관들도 기관지를 출간하였는데, YWCA의 『청년』, 면려 청년회의 『진생』, 성결교 청년회의 『활천』, 주일학교 연합회의 『아이생활』, 장로교 신학교의 『신학지남』, 감리교 신학교의 『신학세계』 등이 있었다.

1928년에 와서는 전영택, 방인근, 최상현, 이은상 등, 기독교 문인들에 의하여 기독교 문학운동이 활발하게 전개되었다.

② **신교육 운동**

1915년에 발표된 사립학교 규칙개정 가운데 기독교 학교가 수긍할 수 없는 조항은 제6조의 교과 과정에서 성경을 정 과목으로 할 수 없다는 것이었다.

1925년까지 소학교는 『보통학교』로, 남녀 중학교는 『남녀 고등보통학교』로, 개편을 하는데, 10년 유예기간을 거쳐서, 그 기간이 지나면 기독교 사립학교들은 성경 교육을 폐지하고 학교를 지속하느냐, 아니면 학교를 폐지하느냐 하는 중대한 위기에 봉착하게 되었다.

이에 감리교는 1916년에 이화학당을, 1918년에는 배재학당을 각각 『고등보통학교』로 개명하였고, 그 후 감리교 학교들은 모두 신(新)교육령을 따랐다. 그러나 장로교는 성경을 정 과목으로 가르칠 수 없는 한, 고등보통학교로 변경하는 것을 완강히 거부하였다.

1919년 3.1 운동 사건으로 총독이 경질되고 무단정치(武斷政治: 군, 경의 힘에 의한 강경 식민통치)가 문화정치(文化政治: 무력을 쓰지 않고 교화로써 다

스리는 정치)로 바뀌게 되자, 장로교 학교들은 성경을 정 과목으로 가르칠 수 있게 되었다. 그리고 3.1 운동으로 급격히 일어난 교회의 교육열에 부응하여 기존『숭실대학, 세브란스 의학교, 연희전문, 이화전문학교』만으로는 급증하는 고등교육 지망자를 감당할 수 없었다.

그러므로 1920년 10월 2일 제9회 장로회 총회는 기독교 대학을 설립하기 위하여 총회 안에『고등교육 장려부』를 설치하고 후원회 회원과 기부금 모금을 시작하였다. 그러나 총독부의 방해로 좌절되었고, 부득이 제10회 총회에서 대비 유학제도를 시행하게 되었다.

한편, 감리교회에서도 고등교육 장려운동을 펼쳐『교직자 양성회』를 설치하여 유능한 청년을 해외에 유학시켜 인재를 양성하기로 하고, 감리교 선교회는 이화학당을 여자대학으로 승격시킬 준비를 하였다. 그러나 총독부의 완강한 반대로『이화 여자전문학교』로 인가를 받는 수밖에 없었다.

3) 사회 운동

① 농촌운동

1920년대의 농촌 인구는 전 인구의 80%였고, 교회는 7천여 촌락의 문명 중심이 되었다. 그런데 농촌은 경제 공황으로 시달림을 받았다. 왜냐하면, 일본이 한국의 영토를 잠식하려는 목적으로『동양척식주식회사(東洋拓殖株式會社, 조선의 경제 독점과 토지와 자원을 수탈할 목적으로 설립된 국책회사)』를 설립하여, 한국 농토를 반강제로 매수하면서 일본인들을 이주시키는데 기인한 것이다.

그래서 한국의 농토는 거의 일본의 『동양척식회사』에 넘어가서 농민들은 생활 유지가 어렵게 되었고, 이러한 농촌문제는 교회의 제1과제가 되고 있었다. 그러므로 1920년에 미북 장로교 선교회는 농촌담당 선교사 루츠(D. N. Lutz)를 평양으로 보내어 농작물 다(多) 수확, 농토개량, 농촌향상 등을 지도하였다.

또한, 1925년 YMCA는 서울 근교를 순회하면서 농사 강습회를 열었고, 1927년에는 신흥우(申興雨) 총무와 홍병선(洪秉璇) 간사를 덴마크에 파견하여 농촌을 시찰하게 한 후, 돌아와서는 전국을 순회하면서 덴마크식 농사 강습회를 열어 큰 성과를 나타내었다.

또한, 같은 해에 미국의 우수한 농정가 클락(F. O. Clark) 박사를 초청하여 전국적으로 농사 강습회를 열어 큰 성과를 거두는 등, 대대적인 농촌사업을 전개하였다.

1927년 9월 7일, 제17회 장로교 총회는 농촌부를 신설하고 산하 노회에 지부를 두어 모범 농촌설치, 농민학교 설립 운동을 전개하면서 1930년 9월 12일, 제19회 장로교 총회에서는 10월 3번째 주일 헌금은 농촌을 위해 사용하기로 하고, 그 운동을 적극 후원하였다.

1931년에 숭실전문학교에 『농과』를 설치하였고, 1933년에는 같은 농과에 병설 『고등 농사학원』을 설치하였으며, 같은 해에 총회 농촌부는 상설 사무국을 설치하고 농촌 운동가 배민수(裵敏洙 목사) 박사를 총무로 시무케 하여, 원예 전문가 김성원과 박학전을 강사로 전국을 순회하면서 농촌운동을 전개하였다.

한편, 감리교에서도 1928년 연회 안에 『농촌문제 연구위원회』를 두고, 1933년에는 산하 지방회와 교회까지 확대시켰다. 이러한 농촌운동에 부응하여 1929년 『한국기독교 연합공의회』는 각 교파의 청년단체 대표로 구성한 『농촌사업 협동위원회』를 조직하고 총체적인 농촌운동을 전개하였다.

② 사회복지 운동

1919년 선교사 협의회는 『사회복지 사업위원회』를 조직하고 절제 운동을 벌이기 시작하였고, 1920년에 YMCA는 『금주(禁酒) 동맹회』를 조직하여 활동했다. 1922년에는 정주, 선천, 은율, 이리, 순천, 양주 등지에서 교회가 「금주단연운동(禁酒斷煙運動)」을 벌이기도 하였다.

『술과 흡연을 금하는 금주단연운동은 1897년 전후로 한국교회 초기부터 있었음』(한국교회사에서 본 금주 단연운동. 이상규 교수, 참고)

1922년 『세계기독교여자절제회』 동양 특파원 Miss 틴링(Tinling)이 내한하여 『한국기독교절제회』를 조직하고, 회장에 박인덕(朴仁德), 총무는 정 마리아를 취임시켜 전국을 순회하면서 절제 운동을 벌였다.

감리교회는 1923년부터 절제 운동을 착안하였고, 1926년에는 연회에서 12월 셋째 주일을 절제 운동일로 정하여 전국 교회적으로 절제 운동을 벌였으며, 1930년에는 『절제부』를 두고 손 메리(Merry)를 총무로 세워 활동을 벌였다.

장로교회에서도 1928년 『절제회』가 조직되어 회장에 채필근(蔡弼近) 목사, 총무는 송상석(宋相錫) 목사를 세우고 활동을 하였다. 그뿐만 아니라, 이 절제 운동은 폐창(廢娼)운동(공창 제도를 철폐하려는 사회운동)까지 벌여서 각 선교부, 각 기독교기관, 기독교연합공의회 등은 총독에게 공창제(公娼制, 성매매를 관에서 업으로 인정하는 제도) 폐지를 건의를 하는가 하면, 앞장서서 폐창운동을 전개하였다. 이렇게 교회는 그 시대에 처한 사회정의 구현에 앞장서 왔다.

③ 구호 운동

1903년 감리교 선교사 로젯 홀(Rosett S. Holl) 부인에 의하여 맹인(시각 장애인) 여학교가 시작되었고, 1904년에는 마펠(Maffett) 부인에 의하여 남학교도 설립되어 운영되다가 1915년에 남, 여학교를 통합하여 운영하였으나, 유지 곤란으로 곡절을 겪다가 1935년 이창호(李昌浩) 목사가 인수하여 운영함으로 크게 발전하게 되었다.

1886년 언더우드(Underwood) 목사에 의하여 고아 구제원이 운영되다가 후에 경신학교가 되었고, 1919년에 손택수, 김병찬, 김태화 등이 서울 고아원(보육원)을 설립한 후, 윤치호 등과 고아 구제회를 조직하고 5만 원을 모금하여 잘 운영하다가, 오금선 박사가 인수한 후에 선교회와 교회 및 당국회의 후원으로 크게 확장되었다.

고아 구제사업은 평양, 선천에서도 운영되었고, 1923년 구세군에서도 남녀 육아원을 설립하였다. 양로원(養老院, 노인 보호시설)은 1907년 평양교회 제직회에서 『평양양로원』을 운영하였는데, 이것이 한국교회 최초의 양로원이다.

1904년 한국 선교 연합회는 버림받은 문둥병(한센병)자들의 구호를 위하여 어빈(Lrvin), 빈톤(Vinton), 스미트(Smitt) 목사 등을 『문둥병 사업위원』으로 선정하여, 1909년 부산 수용소를 개설하였고, 1914년에는 동 수용소가 호주 장로교 선교회에 이관되어 운영되었으며, 남 장로교 선교부는 만주 문둥병원과 순천 문둥병원을 운영하였다.

1928년에는 홀(Holl) 부인에 의하여 폐결핵 환자를 위한 구제 요양원이 세워져서 한국 폐결핵 환자들을 절망에서 구원하였다. 또한, 아동 보호소는 서울 태화 여자기독교회관 내에 중앙보건소 개설을 첫 출발로, 그 후 선교사들이 있는 곳마다 그 부인들이 아동 보건을 위한 여러 가지 사업을 펼쳤다.

또한, 구세군은 해마다 크리스마스 때에 자선냄비가 등장하여 자선사업을 하였다.

13장 | 종파 운동과 이단 운동

1) 종파 운동

여기서 취급하는 종파(宗派) 운동은 이단이라기보다 한국적 교회형성을 위한 것으로서 한국의 특수성을 신앙화 하려는 소집단들을 말한다.

① 최태용의 복음교회

최태용(崔泰瑢)은 1897년 함경남도 영흥 태생으로 일본의 무(無)교회주의자였던 우찌무라 간조(內村鑑三, 내촌감삼)에게서 결정적인 영향을 받았다. 그는 1928년 6월에 천래지성(天來之聲)이라는 개인 잡지를 창간하고, 1928년 12월에는 명치학원에 다니면서 『영과 진리』라는 잡지를 창간하였다.

그는 이 잡지들 속에서 한국적 기독교와 영적 기독교를 소리 높여 주창하다가 마침내 1935년 12월 22일 서울에서 교단설립을 선언하고 신앙고백과 표어를 채택하여 『기독교 조선 복음교회』라고 하였다.그는 1936년 평소 자신이 가졌던 사상을 스스로 포기하였는데,

그 시대적인 것이 신비주의에 대한 태도이다. 그에게 있어서 신비주의는 상당히 압도적이었는데, 후에 그것을 비판하였다.

그는 신약성경의 유일회성(唯一回性) 계시를 부인하였는데, 왜냐하면, 「하나님께서는 영원히 살아계셔서 자유로 사랑 안에 역사하셔서 새로이 기독교를 산출하실 뿐만 아니라, 현재의 기독교에 예수 그리스도가 다 나타난 것이 아니고 아직 그의 중대한 부분이 남아 있는데, 현재 복음과 바울 서신에 다하지 못한 예수가 있다」라는 것이다.

즉 성경 계시로는 부족하기 때문에 계시가 더 있어야 한다는 주장이다.

또한, 최태용은 삼위일체설(三位一體設)을 부인하였다. 그것은 영적 신(神)의 계속적인 역사에서도 그렇지만, 이 교리가 희랍적 체계 속에 둔갑한 비 복음적 요소이기 때문이요, 또 삼위(三位)를 전제함으로써 종교적 직감과 경험을 흐리게 하고 하나님과의 실험적이요, 실제적인 합일(合一)과 대면(對面)을 가로막기 때문이라고 보았다.

그는 선교사들을 공박하면서 그들이 한국교회를 「아희들과 갓치(아이들과 같이), 걸인과 갓치(걸인과 같이) 취급하였다」라고 반발하고, 조선교회의 독립을 주창하였다. 전통적 교회에 대한 반발이었던 것이다. 「예수 그리스도와 금일(今日)의 조선교회는 전연별물(全然別物)」이라고 혹평한 그는 「이 망할 선교사 놈」이라는 욕도 불사하였다.

그 까닭은 「현금(現今) 조선의 교회는 진리의 빗쵬(비침)이 없는 암야(暗夜)이요, 진(眞)과 실(實)이 업(없)는 형(形)뿐인 현재의 교회(진실이 없는 형식뿐인 현재의 교회)」를 미워하기 때문이요, 조선인 자신의 자각으로 기독교의 본질을 추구하는 노력과 자기가 소화한 진리의 표현에 있어서의 진보가 없다」라고 보았기 때문이다.

이렇게 하여 그는 그리스도의 순육(純肉)과 영(靈)의 기독교를 표방하여 복음교회를 세웠고, 「신앙만 있으면 감리법도 가하고 장로 정치도 가하다」라고 해서 일종의 교파적인 공동체를 목표하였다.

그러나 그는 1935년경부터 본래의 입장이던 무교회주의 이탈을 선언하고 역사적, 사회적, 실존으로서의 교회제도와 설치를 불가피한 것으로 받아들였다. 그리고 그의 벗인 김교신을 은퇴주의(隱退主義)라고 오히려 공격하였다. 결국, 최태용은 「교회에 대한 일시적 반동으로서 무교회주의는 때의 사명이 있을 것이다마는 무교회 입장은 그릇된 것이다」라고 하여 옛 권위에 순응하고 권위를 인정하는 하나의 교회인으로 남게 되었다.

그러나 그의 말 가운데는 「… 나의 말한 바는 나의 것이 아니요 다른 이의 것임이 분명하다… 그러면 누구를 말하고 누구에게서 말하는가, 하느님의 아들 예수 그리스도이시다. 저는 무한한 말씀이다」, 「주는 충만이요 나는 비었노라.」라고 한 것을 보면, 그리스도와 신분을 동일시하여 속죄와 은총과는 거리가 먼, 소위 그노시스(gnosis, 영지주의)적인 신비주의 경향이 농후하였다.

② **자유교회의 조직**

1910년 장로회 전라 대리회(代理會, 노회 설립이 안 된 지역의 한시적 치리회) 지역에서 최중진(崔重珍) 목사가 자유교회를 주창하여 부안, 정읍, 임실 등지에서 큰 소동이 일어났으며, 1911년에는 평북 대리회 지역인 의주군, 노북교회의 영수(領袖, 조직이 안된 교회의 임시 지도자) 김원유와

강계교회 장로 차학연 등이 선교사의 처사를 달갑지 않게 여겨, 장로회 정치에 불복하고 이탈하여 자유교회를 세웠는데, 많은 교인들이 따라 나가서 교회를 혼란하게 하였다. 이들은 전라도 지방의 최중진과 연결되어 평북지방 교회에 큰 어려움을 주었다.

1916년 황해 노회는 신원교회 목사 김장호(金庄鎬)의 비정통적 성경해석을 들어서 그의 총대원 자격을 박탈한 사건이 생겼다. 김장호는 개전(改悛)의 정이 없으므로, 노회는 1918년 제15회 노회에서 그를 이단으로 정죄하고 면직처분 하였으며, 1923년 총회에서 이를 접수하였다. 장로회에서 그를 단죄 한 것은 두 가지 이유에서였다.

첫째, 그의 교회론이다. 그는 자유 교회적 교회론을 주장하였는데, 의회정치를 불복하고 평민적 민주정치를 주장하였다. 그의 이런 통일성과 입체적 결속력을 무시하는 교회론은 일제의 입장에서 볼 때 다루기 쉬웠으므로 조선총독부가 이를 지원하여 주었다.(김장호는 친일파가 되어 일제로부터 훈장까지 받음)

둘째, 그의 자유주의적 성경해석이다. 그는 「이스라엘 백성이 홍해를 건넌 사건을 간조(干潮, 바다에서 조수가 빠져나가 해수면이 가장 낮아진 상태) 현상으로 설명하고, 예수께서 5천 명을 광야에서 먹이신 사건은 모든 사람이 도시락을 지참하였다」라고 해석하였다.

이것이 교회에서 문제가 되었을 때, 이 자유주의적 성분의 책임이 재령 주재 미국 북 장로교 소속인 윌리엄 커(W. Kerr, 공위량) 목사였음이 드러났고, 황해 노회의 요청에 의하여 공위량은 한국에서 추방되었다. 그리고 김장호는 제명된 신원교회를 차지하고 1918년 7월 7일에 『조선 기독교회』를 설립하였다.

이와 비슷한 시기인 1918년에 대구에서 이만집(李萬集)의 자치교(自治敎)가 일어났다. 대구 남성교회 목사인 이만집이 선교사와의 불화로 당회원들에 의해 마침내 경북노회에서 파면의 위기를 맞게 되자, 박명조 목사 등과 같이 노회를 탈퇴하고 자치를 선언한 것이다. 여기에는 총독부의 작용을 간과할 수 없다. 총독부는 교회의 결속력을 분산하고 선교사들과의 반목을 위해 여러 가지 방안을 획책하다가 이만집을 비롯한 여러 자유교 집단들을 옹호하고 후원하며, 교회 분열을 유도하였다.

이와 같은 비슷한 운동들이 도처에서 일어났는데, 그 이유는 두 가지로 요약할 수 있다.

첫째, 선교사들과의 불화인데, 선교사들의 오만과 한국교회에 대한 무시가 크게 작용하였다.

둘째, 일본 총독부의 교회분열 정책이다. 이러한 정책적 음모는 교인들의 민족의식을 교묘한 방법으로 이용했던 것이다.

③ 변성옥의 조선 기독교회

감리교의 선교 활동은 1912년부터 만주 지방에서 활기를 띠기 시작하였고, 많은 목사를 파송하였다. 이러한 선교 사업과정에서 하나의 분파운동이 1935년 2월에 만주선교연회 북 지방의 현성원, 한동규, 유인철, 박세평, 변성옥 등이 연명하여 한국 모(母) 교회를 떠나 『조선교회』를 설립하였다.

이들의 이런 분립은 1934년부터 구체화하기 시작하였는데, 동만주지방 교역자 임시회의에서는 이런 운동을 우려한 바가 있었다. 이들의 분립 동기는 양주삼(梁柱三) 총리사와의 불화를 들고 있었고, 목표는 교파를 초월한 새 교회운동과 선교였으며, 이를 실현하기 위하여 길림(吉林)에 신학교를 설립하고 있었다. 이런 사실이 드러난 것은 1935년의 일이다.

총회에서는 전도국장 오기선 감리사와 교육국 총무 유형기 목사를 만주에 파견하여 저들과 회담한 후 진상을 보고하게 한 일이 있었다.

이 때에 변성옥(邊成玉) 일파의 해명은 a. 북 만주 지방의 전도를 위해 교파 초월이 필요하며, b. 자급자족이 필요하며, c. 기성 교회의 부패를 통감한 까닭에 조선 기독교회를 설립하였다는 것이었다.

그들이 제시했던 기성 교회의 부패로는 1935년 장로교 총회의 분쟁, 감리교 총회와 중부 연회에서의 비기독교적인 행위, 적극 신앙단의 문제들이다. 변성옥 일파의 『조선 기독교회』는 초교파적인 새 운동을 표방하고 있었으며, 이용도(李龍道)계의 『조선 예수교회』와 매우 가까이 지냈다.

④ 김교신과 성서 조선

무(無)교회주의자로 알려진 김교신(金教臣)은 1920년 6월에 유학 중이던 동경에서 노방 전도를 듣고 결신하여 성결교회에서 세례를 받았으나, 그곳의 순박한 목사가 교인들의 궤술에 말려 쫓겨나는 모습에 비애를 느끼고, 그해 11월에 우찌무라 간조(內村鑑三 내촌감삼, 무교회주의자) 문하에 들어가 그의 신앙에 매료되었던 인물이다.

1927년 귀국한 후에는 함석헌, 송두용, 유석동, 정상훈, 양인성 등과 같이 『성서 조선』을 창간하고, 1930년에 주필로 편집 발행의 책임을 맡아 심혈을 기울여 왔다. 그뿐만 아니라 경성 성서연구회를 개최하고, 매년 일주일간의 동계 집회와 함께 10여 년을 계속하여 그 일에 종사해 왔다.

그는 기성 교회에 교적이 없었던 까닭에 어느 교회에서 교권상의 징계를 받은 일은 없었으나, 1932년 12월 기독신보에 실린 「이사벨의 무리」라는 사설로 비난받은 일은 있었다.

그는 1942년 『성서 조선』 158호에 실린 권두언 「조주, 弔蛙」가 문제가 되어 『성서 조선』의 폐간과 함께 왜경에 피검(被檢)되어 함석헌(咸錫憲), 유달영(柳達永) 등 13인과 서대문 형무소에서 1년간 옥고를 치루었고, 1944년에는 흥남 질소회사에 입사하여 근로자들의 복리를 위해 진력하다가 1945년 4월 25일 갑자기 세상을 떠났다.

그는 무교회주의로 출발하여 무교회주의로 끝났으며, 성경연구와 주해에 노력하였고, 스스로 「예수를 믿는 한 평신도」로 자처하였다. 오히려 그는 교회를 비방하는 무교회주의의 탈선을 지적하고 경고하였다. 까닭은 스스로 밝혔듯이 교회가 분열로 치닫고, 경중 노회 문제라든가, 적극 신앙단 문제로 만신창이가 된 처지에 그리스도인의 일원으로서, 이 교계 혼탁의 책임의 일부를 느끼지 않을 수 없었기 때문이었을 것이다.

「어찌 그리스도의 이름에 관련된 개인이나 단체에 대하여 악감을 품어 내랴!」 하는 것이 그의 충심이었다. 그리고 그는 「밤낮 무교회!, 무교회!를 연창(連唱)함이 마치 '나무아미타불'을 연호하는 속괴(俗儈)」와 같다고까지 하여 일격을 가하였다.

그는 성서와 조선을 따로 생각할 수 없었고, 「성서적 신앙 속에서 새 한국의 모습을 구현」하려 했던 인물이었다. 그의 논술 가운데는 「오직 우리는 조선에 성서를 주어 그 골근을 세우며, 그 혈액을 만들고자 한다. 같은 기독교 조서로 혹자는 기도 생활의 법열의 경을 주창하며, 혹자는 영적 체험의 신비 세계를 역설하며, 혹자는 신학지식의 조직적 체계를 애지중지하나, 우리는 오직 성서를 조선에 주고자 한다. 영원한 새로운 조선을 성서 위에 세우라!」라는 내용이 있다.

그는 신앙과 생활에서 성경적 원리를 표준으로 삼으려고 노력하였고, 일본의 창씨개명(創氏改名, 일제 강점기에 조선 사람 이름을 일본식으로 바꾸도록 강요함)을 끝까지 거절하고 김교신(金敎臣)으로 살았다. 또한, 그의 친교 범위도 매우 다양하여 동경대학교 총장이던 야나이하라 다다오(矢内原忠雄) 등의 일본인들 그리고 전계은 목사, 이승훈 장로, 손양원 목사 등과도 교제하였다.

⑤ 적극 신앙단

신흥우(申興雨) 중심의 『적극 신앙단』은 한국적 신앙의 적극적 표현이라는 긍정적 측면도 있겠으나, 그 형성 과정이 독특한 지방색을 나타내었다는 데 부정적 측면도 있었다.

한국 장로교는 서북 지방이 중심이 되어 평양신학교와 선교사들의 영향력이 매우 컸고, 안창호(安昌浩)의 흥사단 계열의 정인과(鄭仁果) 목사의 영향 아래 있었다.

그러나 서울에는 협성신학교가 소재했으며, 감리교의 우세와 아울러 이승만(李承晩)의 동지회가 영향력을 발휘하면서 반(反)선교사적인 토착적 요소가 있었다. 『적극 신앙단』의 형성 과정을 보면 1927년 신흥우가 YMCA 총무로 있으면서 『기독교 연구회』라고 하는 반선교사, 반 보수의 가치를 내세운 운동을 전개하면서 조선기독교의 성립과 교파의식의 둔화를 계획하였다.

1932년 6월 장로교(8명), 감리교(10명)의 동지들이 함께 『적극 신앙단』을 조직하고 「21개 조 실천강령」을 만들었다. 이 적극 신앙단에 대한 감리교의 반응은 흥미로웠다. 양주삼(梁柱三) 목사가 감리교의 교권을 장악하고 있었는데, 그는 흥사단(興士團, 1913년 도산 안창호가 미국 샌프란시스코에서 창립한 민족부흥 운동단체) 계열이었다. 그러므로 양주삼이 신흥우의 이 같은 운동을 용인할 리가 없었다.

YMCA 총무직에 있던 신흥우(申興雨)는 1930년대의 YMCA 혼란과 아울러 간사들의 남북 대립과 서북(西北)계의 강한 장로교의 반발 등으로 1935년에 총무직에서 물러났다. 그리고 적극 신앙단에 결정적 쐐기가 된 것은 박인덕(朴仁德) 여사와의 스캔들 사건이었다.

또한, 윤치호, 양주삼, 김정식 등이 이끄는 감리교에서는 신흥우의 적극 신앙단을 정죄하였다. 『적극 신앙단』의 인사들은 당시 스스로 진보적이며, 애국적이요, 이상적 교계 지도자로 자처하는 사람들이었는데, 이들은 서울의 장로교회와 감리교회, YMCA, 기독교서회, 성서공회, 기독신보 등에 침투하여 이를 장악하려 하였다.

감리교 연회 점령기도, 장로교 분열 획책, 기독신보의 탈취 등으로 혁명적 기세를 보였던 이들은 감리교에서 단죄되었다. 감리교의 3연회에서는 1935년에 「교직자는 총회가 승인하지 않는 단체에 가입하지 말 것」을 결의하였는데, 이는 『적극 신앙단』을 지적한 것이었다.

장로교의 경우 경성노회의 건의를 총회가 접수하고, 1935년 총회에서 「적극 신앙단의 신앙 선언은 우리 장로교회의 신경에 위반된 것이므로, 그 적극 신앙단은 장로교회에서 용납하지 않기로 함이 가하다」라고 결의하였다. 적극 신앙단은 이같이 뿌리를 내리지 못하고 실패하였는데, 이는 신흥우 자신의 고백과 같이 조급하고, 경솔하고, 독주하였기 때문이었다.

2) 이단 운동

① 이용도의 신비주의

이용도(李龍道)는 감리교의 협성신학교를 졸업한 목사였다. 재학시절부터 가슴에 깊이 새겨진 「고난받는 그리스도」의 모습에 따라 감격과 열정으로 전국에 전도 여행을 다니면서 교파의 구별 없이 부흥회를 인도했던 저명한 부흥사이기도 하였다. 그는 나라의 비운(悲運)을 탄식하며, 서러움에 목메어 울었고, 교회신앙의 형식화와 교권의 창궐에 비판을 가한 당시의 전형적인 경건의 한 모델이었다.

그가 25세 되던 해에 뜻밖의 폐결핵으로 인한 각혈(咯血) 때문에 신병을 돌보려고, 그의 친구인 이환신(李桓信)의 고향인 강동에 요양을 하러 갔을 때, 그의 일생을 결정할 사건이 하나 생겼다. 그곳 작은 교회의 설교를 부탁받았는데, 그는 강단에 서서 아무 말도 못 하고 목이 메어 흐느껴 울었는데, 눈물이 줄줄 쏟아져 내렸다. 이것을 본

교인들이 모두 그 감동에 흐느껴 울었다. 그러나 그날의 설교 제목은 기록되어 있지 않고, 그 날짜도 일기에 명기되어 있지는 않다. 눈앞을 압도해 오는 고난의 십자가상, 그것은 1930년대의 조국 겨레의 비운과 교회의 참담한 시련으로 인해서 더욱 처절하게 가슴에 메어 왔던 것이다. 이러한 설음은 그리스도에 대한 몸부림치는 사람으로 표현되었다.

그의 진리는 말하는 데 있지 않고 사는 데 있으며, 종교는 설교가 아니라 삶이라고 선언했다. 그리고 「기독교의 진수는 믿음보다는 사랑에 있다」라는 확신이 그의 생을 지배하게 되었다. 그가 요한복음을 가장 소중한 성경이라고 권장하는 것도 그 때문이었다.

그러나 그는 무조건의 사랑을 표방한 나머지 사탄에게서 배울 것이 있으며, 불경이나 사회주의 책에서도 배울 것이 있다고 강조하는 한편, 신학과 교리의 기독교를 공격함으로써 신비주의 공통의 오류에 빠지고 말았다. 유일회(唯一回) 적인 계시의 무시는 여기서 불가피하게 된 것이다.

그에게는 신약이나 구약이 다 불만족하게 느껴졌기 때문이었다. 그리스도에 대한 그의 절대적인 사랑의 동기는 나무랄 데가 없었다고 하나, 그러나 그는 마침내 사랑의 융합을 통해서 「주님과의 혈관적(血管的) 연결」을 이룬다고 믿고 있었으며, 거기에서 한 걸음 더 나아가 자신를 고난 당하는 그리스도와 동일시하고 말았다. 「울어라! 성자야, 울어라! 성녀야, 겟세마네는 어디 있어 나의 피눈물을 기다리누...., 오! 나를 위하여 홍포를 깁는 자여..., 가시관을 엮는 자여」, 이것은 「조선의 양은 누구를 보고 주를 생각하고, 누구의 생활을 통해 주를 이해할 수 있나?」 하는 문제를 던지면서 쓴 유명한 그의 고별사 비슷한 산문시 중의 일부분이다.

한국교회는 이용도 목사의 경건을 의심하였다. 장로교의 서해 노회에서는 1931년 8월 12일 그에게 금족령(禁足令, 외출을 금하는 조치)을 내렸고, 이어 1932년 7월에는 평양노회가 그의 부흥회를 단죄했다. 1933년 3월 감리교에서도 휴직 처분을 내렸으며, 이에 그는 불복하였으나, 같은 해 9월 제22회 장로회 총회는 그를 이단으로 단정하였다.

얼마 후에, 이용도(李龍道)는 해주에서 여러 교인들의 돌을 맞고 원산에 가서 치료하다가 지병인 폐 질환으로 그해 10월 2일 세상을 떠났다. 이때 그의 나이는 33세였다.

② 이용도 목사와 원산파 접신극

이용도가 세상을 떠났을 때, 그의 친구였던 김인서(金麟瑞) 목사에게서 혹독한 비판과 반론이 나왔다. 김인서는 원래 이용도의 친구였고, 평양 기도단의 멤버였다. 김인서는 그의 잡지 『신앙생활』을 통하여 처음에는 이용도를 옹호하는 글을 많이 썼으나 후에는 이용도 비판의 기수가 되었다.

이렇게 김인서가 이용도를 비판하게 된 것은, 이용도가 원산에 있는 백남주나 한준명 일파와 어울려 소위 강신극(降神劇)에 말려들었다고 단정한 데서 비롯되었던 것 같다. 강신극이란 대략 다음과 같다.

1927년경 원산의 감리교회에 유명화(劉明花)라는 여신자가 있었는데, 그는 자기에게 예수가 친림(親臨)했다고 말했으며, 영흥교회의 부흥회에 가서도 예수처럼 모양을 내고 다른 여자에게 강신극을 자행했었다. 그런데 간도에 있었던 어학의 천재 한준명(韓俊明)이 여기 참여하게 되었고, 1932년 11월에 평양에서 이러한 신비극이 벌어질 때에 그 주동 역을 맡았다.

유명화를 통하여 입류신(入流神) 왈, 「한준명아! 박승걸아! 어서 모녀, 모녀에게 장가가되 6월 9일에 약시, 약시 결혼하여 한은 270여 일 후 백주를 차지할 성자 광진을 낳고, 박은 석양을 차지할 광재를 낳으리라. …광진, 광재는 전무후무한 3대 성자이니 나의 최후 기록을 쓸 것이다」라고 예언하였다.

이 입신의 경과를 통하여 얻은 주님의 내재강(來在降)에 대하여 이호빈(李浩彬) 목사는 당시 이런 글을 남겼다.

「주께서 스위든 볽에게나 썬다싱에게는 간접 나타나셨지만, 유명화에게는 직접 친림(親臨)했습니다. 주께서 우리 조선에 이렇게 친림하시니 이는 조선 지대에 영광이외다」.

그런데 문제가 제기된 것은 원산 신학산(元山神學山, 일종의 수도원 같은 곳) 창설자인 백남주가 유명화나 이유신과 같은 접신녀와 결탁해서 신탁을 빙자하고 이용도, 이호빈 등과 모의하여 『예수교회』라는 일파를 신설하면서부터이다.

백남주(白南柱)는 자신이 직접 신전(信典), 헌법 등을 초(礎)하여 조직을 마치고, 여신도인 김정일과 동거하며, 그것이 스캔들이 되자 신(神)을 빙자해서 철산의 김정도라는 새 주(主)를 중심으로 성주교회(聖主敎會)를 다시 세웠던 것이다.

이용도가 이들 일파에 접속된 동기는 두 가지였다. 하나는 유명화가 원산에 있을 때 이용도가 그의 말소리에서 예수의 음성을 들었다고 착각하여, 그 앞에 엎드려 「주여!」라고 한데서 시작되었으며, 다른 하나는 한준명과 어울려 그를 동정한 데서 비롯되었다. 이용도는 너무나 소박한 무차별적 사랑 때문에 불행하게도 한준명의 사건에 말려 들어가게 되었던 것이다. 한준명을 동정하고 그에게 소개장을 하나 써 주었던 것이 이용도 몰락의 결정적 역할을 하였다.

그 후 한준명, 백남주, 이호빈 등이 새 교회의 창설을 서두르게 되었고, 이용도로 하여금 집회 포교계(布敎屆)를 총독부에 제출하게 되었다. 이용도는 고난의 신비주의자로서 교회분열에 대한 죄책감을 안고 흐느껴 울던 사람이었다.

③ 황국주의 신비주의

이와 같은 혼란의 시기에 황국주(黃國柱)라는 열광적이고 왜곡된 일원적 신비주의가 나타났다. 그는 황해도가 고향이었으나 백일기도를 통하여 머리와 수염을 길게 길러 그림에서 보는 예수와 비슷하게 꾸미고, 특별한 계시를 받아 자신의 목이 잘리고 예수의 목이 자기에게 붙었다는 황당무계한 말을 하고 다녔다.

그는 간도에서 자신은 「머리도 예수의 머리, 피도 예수의 피, 마음도 예수의 마음 … , 전부 예수화 하였다」라고 하면서, 새 예루살렘 도성을 찾아 정처 없는 순례의 길을 나섰다. 그가 서울을 향해 온다는 소문이 퍼지자 도처에서 예수의 화신을 구경하고자 운집해 오는 군중이 길을 메웠으며, 가정을 버리고 따르는 유부녀들과 처녀 등등

60여 명의 일행이 서울에 입성할 때는 전국교회가 떠들썩하였다.

그의 모습은 흡사 그림에서 보는 예수처럼 머리를 기르고 수염도 길렀다. 어떻게 설교를 잘하고 기도도 잘했든지, 거기 도취하지 않는 자가 없었다. 그의 부친인 황 장로도 아들 국주 앞에 읍(揖)하면서 「주님!」이라고 경건하게 불렀다. 그러나 황국주의 생활은 난잡하였다.

조승제 목사는 증언하기를 「… 상호교회 인근에 있는 무주리 교회 당회장이었던 관계로, 그 교회를 순방하고 돌아오는 길에 예배당 부근에 와 보니 남녀가 섞인 6, 70명 정도의 무리가 예배당 부근 그늘에서 피서하고 있었다. 이곳저곳에 앉아 있는 사람들도 있고, 그 중 10여 명은 예배당 유리 창문 밑에서 이리저리 흩어져 누워 있었는데, 그들의 혼잡한 모습이 목회자인 내 눈에는 일종의 난류(亂類)들 같이 보였다」라고 하였다.

자신은 예수화(化) 하였다고 호언한 황국주는 성(性)의 도취를 「완전에의 첩경」이라고 떠들었다. 삼각산에 기도원을 세우고 목 가름, 피 가름의 교리를 실제로 가르쳤고, 이를 「영체의 교환」이라고 하였다. 안주노회에서 조사단이 와서 혼음(混淫)을 문책했을 때 황국주는 「우리들은 요단강을 건너와서 남녀 간의 성 문제를 초월했다」라고 말했으며, 그 후 운산 모 유치원 보모와 큰 죄를 범하고 도주하였다.

기독신보는 사설에서 「이세벨의 무리를 삼가라」하여 단죄했고, 1933년 안주 노회 역시 그를 정죄했으며, 그해 가을 총회도 단죄하였다.

14장 | 신사참배 강요와 한국교회의 수난

1) 신사참배 강요

① 신사의 종교성 논쟁

일제(日帝)는 대동아 침략 야욕으로 1931년 9월 지나사변(支那事變, 중, 일 전쟁)을 일으켜 만주국을 쉽게 세우고, 다시 중국 대륙침략을 강행하면서 중국과 동맹이 되어 있는 미국을 공격하지 않는 한 승전이 어렵다고 판단하여 결국 미, 일 전쟁을 일으켜 하와이 진주만을 습격한 후 대미 선전포고를 하였다.

일제는 만주(滿洲) 침략을 착수하면서 중국 침략의 야욕이 있었으므로, 승전 목표의 정신 통일을 일본 신사(神社, 일본의 민속 신앙인 신토(神道)의 신을 모시는 사당)에 두었고, 이에 한 민족도 신사를 통하여 참전 정신을 통일시킬 정책으로 한반도 내의 서울 남산을 위시하여 전국 시, 도, 읍, 면까지 신사를 지어놓고 이에 참배를 강요하였다. 이때 교회에 닥친 신사참배(神社參拜) 강요는 큰 박해가 되었던 것이다.

이 때에 교회 지도자들 중에는 양론이 대두되었는데, 신사에 참배하면서 교회와 학교를 유지하느냐, 하는 문제에 봉착한 것이다. 그래서 일부 교회 지도자들이 신사가 과연 종교냐? 라고 총독부 당국에 문의한바 신사참배는 종교가 아니고 국민의례라고 변명하였다. 이에 국민의례라면 국민 된 도리상 신사참배를 하며, 교회와 학교를 유지하자고 나서는 편이 있는가 하면, 반면에 일본 신사는 일본 국조(國祖)와 국가 유공자와 유공 군인을 제사하며, 그 신들의 은덕을 받아 잘 산다는 벽사기양(闢邪祈禳)의 제사 의식으로써 우상 종교이므로 신앙 양심상 허용할 수 없다고 강하게 반대하는 편도 있었다.

어떻든 일본 신사는 죽은 자들에게 제사하고 둘러앉아 음식을 먹는 일종의 유교 풍조를 곁들인 종교임에는 틀림이 없다.

일본의 신지사(神祉史) 연구가인 오오야마(大山)는 조선 총독의 위촉으로 저술한 『신사(神社)와 조선(祖先)』에서 「우리들의 조선은 조신(祖神)에 대한 열렬한 신앙을 그대로 황실(皇室) 존중 위에 옮겼다. 씨족조신(氏族祖神)의 존중은 바로 황실 존중에 귀일된다. 이에 천황은 현인신(現人神)이다. 이 국민적 감격, 국민적 신앙에 비로소 세계에 관련된 만세일계제제(萬歲一系帝制)를 확립할 수 있었다. 이 신념이야말로 금일 국운융흥(國運隆興)의 기초를 열었다. 누가 선인(先人)의 유업을 추앙치 않고, 누가 조선(祖先)의 위덕을 찬양치 않으랴, 이것을 종교라 칭할 수 있다면 참으로 세계에 비루(鄙陋, 천하고 너절함) 없는 위대한 종교가 되지 않으면 안 된다」라고 신사의 종교성을 확실히 규명하였다.

또한 「국민으로서 수입 종교를 신앙한다는 이유로 국체신조(國體神祖)를 신봉하지 않는 자가 있다면 그것은 반국민적이다. 다시 생각건대 신도의 체제도 결국 동일부류의 전래 진리를 신앙하는 점에서 동일점에 귀일되는 것으로 믿는다. 그리고 타 종교를 믿는다고 신사참배를 거부한다는 것은 이 진리에 투철하지 못한 태도라고 보지 않을 수 없다」라고 하여 기독교와 신도(神道, 일본 고유의 민속종교)를 본질적으로 동일 진리임을 역설하였다.

그리하여 아마데라스 오미가미(天照大神, 일본인들이 시조신으로 모시는 태양신)와 그리스도를 동등 신으로 규정하였다. 이로써 신사(神社)가 종교임을, 즉 기독교와 동등 종교임을 확인한 것이다.

② 기독교 학교에 신사참배 강요

1932년 평안남도 학무국(學務局)은 평양에서 거행하는 춘계 황령제(皇靈祭, 일왕 제삿날)에 각급 학교의 참례를 요구하였다. 이 제례는 평양시 서기산(해방산)에 있는 충혼탑에서 거행되었는데, 이 해에는 특히 만주사변(지나사변, 중. 일 전쟁) 전몰장병 위령제를 겸한 것으로, 기독교 학교에 참여를 강요해 왔다

교리위반으로 거부하는 학교 책임자 등에게 당국은 제사 후 국민의례에만 참석해도 좋다고 교묘히 회유하여 숭실 전문중학교와 숭의 여중학교가 참석하였다. 이렇게 첫 단계에서 성공한 당국은 같은 해, 전국 학교에 신사참배 여행을 명령했다.

이에 문제가 중대함을 깨달은 교회는 동년 9월 제12회 총회에서 기독교인은 신사참배 할 수 없음을 당국에 교섭기로 했으나, 그 교섭이 부진 상태에 빠졌다. 다시 1933년 전북 노회장과 1934년 황해 노회장의 신사참배 문제에 대한 문의 등으로, 총회는 계속 교섭위원을 시켜 당국에 그 시정을 요청하였으나, 이를 교묘히 회피하던 당

국은 각 학교는 총독부 교육정책에 따라야 한다고 말하면서 신사참배를 반대하는 학생이 있다면, 그 이름을 밝혀 청원하라고 하자 어쩔 수 없이 신사참배 문제는 교회적 입장이 아닌 학교 당국의 신앙양심에 맡겨지는 사태를 가져왔다.

드디어 1935년 신사참배 문제는 정면화 되었다. 평안남도 지사 야스다케(安武直夫)는 11월 14일 도내 공사립학교 교장 회의를 소집하고 개회시 신사참배를 명령하였다. 이에 신앙문제를 내세워 거부한 숭실 전문중학교장 맥쿤(G. S. McCune, 윤산온)과 숭의 여학교장 스눅(V. L. Snook, 선우리), 안식교 순안 이명학교장 리(H. M. Lee, 이이명)에게 60일간의 유예기간을 주면서 불응하는 경우 파면 처분할 것을 경고하였다.

그 후 이이명(Lee)은 신사참배를 승인했으나 윤산온, 선우리 교장은 이 사실을 선교사 회의에 보고하였고, 그 대책으로 모인 선교사들과 평양시 내 27명의 한국인 목사 회의는 단호히 이를 거부하기로 하고서도, 학교를 살리려는 이사들의 견해는 학교 대표자(교장이 아닌)의 참배 용허(容許)의 답서를 제출하기로 하다가, 그 직전 평양신학교 박형룡 교수와 산정현교회 주기철 목사의 강경한 반대에 부딪히면서 당국에 신사참배 거부를 통고하였다. 그 결과 맥쿤(McCune, 윤산온)과 스눅(Snook, 선우리)은 파면되었고, 전문학교는 총독부 학무국 소관이기 때문에 학무국을 통하여 동일한 처분을 받았다.

그 후 선교부는 학교 존속을 강력히 요구하는 대부분의 교사들과 학생들의 요구를 받아들여 폐교 계획을 바꾸고, 숭실전문학교 교장에 마우리(E. M. Mowry, 모의리) 선교사를, 부 교장에 동교 농과 과장인

이훈구 박사를, 숭실중학교 교장에 정두현 숭전 교수를, 숭의 여학교 교장서리에 동교 교사 김승섭을 임명하였다.

그러나 학교를 구하려던 노력도 마침내 허사가 되고 말았다. 선교부는 1937년 12월에 학교를 매각 또는 양도하지 않기로 결정하고 29일 당국에 폐교(廢校) 계를 제출했고, 당국은 그 후에 중학교를 접수하여 『제3 공립 중학교』가 되었고, 숭실전문학교는 이종만(李鍾萬)에게 넘어가 『대동공업전문학교』로 탈바꿈하고 말았다.

그 뒤에 대구의 계성, 신명, 서울의 정신, 재령의 명신, 선천의 신성, 보성, 강계 영실 학교 등, 각 학교와 세브란스 의학전문학교도 같은 운명에 처하게 되었고, 연희전문학교는 1941년까지 버티다가 어쩔 수 없이 총독부에 넘어가고 말았다.

신사참배 문제에 대한 남 장로교 선교부의 태도는 북 장로교의 선교부 보다 훨씬 강경하였다. 이는 남 장로교 선교부 총무인 풀턴(C. D. Foulton) 박사가 본래 일본관서 신학교장 풀턴 박사의 아들로 일본에서 태어나고 자랐기 때문에 신사(神社)의 우상성에 대해 익히 잘 알고 있었기 때문이다.

그는 자녀들의 교육을 위하여 학교의 존속을 요구하는 다수의 학부형들(신사참배 반대를 하던 목사까지도 포함한)의 탄원과 압력 앞에서도 단호하였다.

1937년 7월에 중, 일 전쟁이 터지자 당국은 9월 일본의 승리를 기원하는 신사참배를 강요하였다. 이를 계기로 『광주 숭일남중학교』, 『수피아여중학교』, 『목포 영흥 남중학교』, 『정명여중학교』가 폐교되었고, 『순천 매산중학교』, 『전주 신흥중학교』, 『기전 여학교』는 자진하여 문을 닫았으며, 『군산 영명학교』등, 모두 10개 학교가 폐교되었다.

③ 교회에 신사참배 강요

1938년 2월까지 남, 북 장로교 선교부 관하의 학교들을 신사참배 문제로 폐교시킨 총독부는 그 마수를 다시 교회로 돌렸다. 우선 다루기 쉬운 소 교파부터 탄압하기 시작하였는데, 안식교는 1935년 12월초 동교단 합회평의원회에서 신사참배를 가결하고 우국화, 이희만, 벤손(Benson), 김철 등 4인이 평남지사 야스다케(安武)에게 그 뜻을 전했다.

그러나 결국 폐쇄시켰고, 성결교회도 재림교리 강조는 전시 체제에 부합지 않다고 하여 폐쇄시켰다.

천주교는 1936년 5월 25일 교황 비오(Pio) 12세가 포교 선언을 통하여 「신사참배는 종교행사가 아니고 애국 행사이므로 이를 허용한다」라고 하여 이에 응하였다.

1938년 2월 총독부 당국은 교회를 탄압하는 새 시정 방침을 세우고 교회에 신사참배를 더욱 강요하였다. 전국에서 가장 교세가 강한 평북 노회가 1938년 2월 19일, 제53회 노회를 선천에서 개회했을 때, 선천 경찰서는 사전에 신사참배 결의 획책을 꾸미고, 일제의 앞잡이 김일선(金一善) 노회장을 앞세워 신사참배 결의만을 제출하도록 하여 정사복 경찰이 포위한 가운데, 표결에 2, 3명만이 응했을 뿐인데도 불구하고 가결을 선포하였다.

이러한 강압 술책을 전국에 동원하여서 23개 노회중 17개 노회를 총회 전에 굴복시켰다. 이렇게 성공한 총독부 당국은 1938년 9월 9일, 제27회 장로교 총회를 앞두고 총회에서도 신사참배를 결정케 할 술책을 세웠다. 먼저 이를 적극 반대하는 교계 지도자 이승길을 포섭하는 데에 성공한 『기독교 친목회』오문환은 같은 해인 5월 24일 이승길, 김응순, 장운경 목사 등을 일본으로 데리고 가서 일본교회를 순방하며, 신사참배의 정당성을 강조하도록 하였다.

이때부터 위정자들은 지나사변(支那事變: 중, 일 전쟁 1937)이라는 비상시국을 구실로 신사참배 거부는 비국민적 행위라고 교회를 위협하며, 공갈(恐喝)하기 시작했다.

각 지방 경찰서는 전국 23개 노회에서 각기 총회 총대가 선정되는 대로 다음 총회시 신사참배 찬성 결의를 종용하고 불응하는 태도면, 찬동 의사가 있는 총대로 바꿀 것을 강요하였다.

총회개회 전날에 평남 경찰국장은 꾸며진 각본대로 평양, 평서, 안주 3개 노회 대표를 불러 평양 노회장 박응율(朴應律)로 신사참배는 종교의식이 아니라 국민의례이므로, 기독교인은 솔선하여 참여해야 할 것을 제안하도록 하고, 평서 노회장 박임현(朴臨鉉)은 신사참배 가결을 동의케 하고, 안주노회 부회장 길인섭(吉仁燮)은 재청을 내락(內諾)받았다.

선교사들에게도 총회에서 조선인 대표가 신사참배를 제안할 때 국적이 다른 선교사들은 이를 저지하는 행위를 하지 않을 것을 약속하는 서명을 요구하였으나, 그들은 이에 불응하였다.

총회는 경찰의 강요에 못 이겨 총회 장소를 신의주로부터 평양 서문외(밖) 교회로 옮기고, 제27회 장로회 총회는 1938년 9월 9일 오후 8시에 개회했다. 다음날 오전 9시 30분 속개되었을 때에 교회당 안팎에는 수백 명의 사복 경찰관으로 포위되었고, 아래 정면에는 평안남도 경찰국장을 비롯하여 고위경관 수백 명이 긴 칼을 번쩍이며 앉아 있었고 총대들 좌우에는 그 지방 경찰관 2명씩이 앉았으며, 실내 후면과 좌우에는 무술 경관 100여 명이 위협적인 눈으로 지켜보고 있었다.

이에 앞서 신사참배를 적극 반대해 온 주기철, 이기선, 김선두 3명의 목사를 위시한 반대 지도자들은 사전에 예비검속(사전 구금) 하였고, 경찰의 압력에 억지로 끌려 나온 만주 4개 노회를 포함한 27개 노회 대표들인 목사 86명, 장로 85명, 선교사 22명, 합 193명이 넋을 잃고 앉아 있을 때에 오전 10시 40분, 이미 계획된 각본대로 평양 노회장 박응율이 신사참배 결의안 및 성명서 발표의 긴급 제안이 있었고, 평서 노회장 박임현의 동의와 안주노회 부회장 길인섭의 재청으로 총회장 홍택기(洪澤麒) 목사는 떨리는 목소리로 「이 안건이 가하면 "예" 하시오」 하니 겨우 10여 명이 작은 소리로 「"예"」 했을 뿐 침묵이 흘렀고, 이 침묵은 반대 의사이므로 임석했던 정, 사복 무술 경관들이 일제히 일어나 위협하였다.

사태가 이쯤 되자 총회장은 더 묻지 않고 가결을 선포했다. 이 때에 선교사 중에 배위량(베어드, Baird) 목사 등 2, 3명의 선교사는 회장의 불법 사회에 항의하고 신사참배 부당성을 주장하려 했으나, 경찰들의 제지로 발언이 무산되자 선교사 22명 전원은 일제히 일어나 「불법이요!, 항의합니다!」라고 외쳤고, 봉천노회 소속 헌트(Hont) 선교사는 무술 경관들의 제지를 무릅쓰고 불법이라고 외치며 항의를 하다가 밖으로 끌려나가게 되었다.

이러한 소란 속에 총회 서기 곽진근 목사는 성명서를 낭독하였고, 평양시 기독교 친목회원 심익현 목사는 총회원 신사참배 즉시 실행 특청(特請)을 하여 동일 12시에 부총회장 김길창을 선두로 경기노회 김영한, 경성노회 오천영, 황해노회 허 간, 평양노회 박응율, 평서노회 박임현, 안주노회 박선택, 평북노회 김일선, 용천노회 이기혁, 의산노회 이봉태, 삼산노회 장린화, 산섬노회 최종진, 봉천노회 정상인, 남만노회 김석찬, 북만노회 이만기, 동만노회 서창희, 함북노회 박태한, 함중노회 안상필, 함남노회 김재황, 충청노회 남기종, 경북노회 김석진, 전북노회 김세열, 전남노회 박연서, 순천노회 오석주, 제주노회 이도종 등, 27개 노회장이 총회를 대표하여 평양 신사에 참배함으로써 장로교단이 먼저 그들의 위협 강요에 굴복하고 말았다.

같은 날 오후 1시 선교사들은 따로 모여 총회에 항의하는 결의문을 제출하였고, 같은 달 22일 권찬영 외 25명의 연서로 「총회 결의는 하나님의 율법과 조선예수교장로회 헌법에 어긋날 뿐 아니라 우리들에게 발언을 허락하지 않고 강제로 회의를 진행한 것은 일본 헌법에 부여된 신교 자유 정신에 위배된다」라는 항의서를 제출했으나, 이것마저 기각되고 말았다.

이에 앞서 감리교회는 같은 해인 1938년 9월 3일 총리사 양주삼(梁柱三) 목사의 명의로 신사참배 여행에 따른 성명서가 발표되었고, 교회가 이에 호응하여 감리교의 신사참배 문제는 자진하여 굴복하고 말았다. 이렇게 하여 모든 한국교회는 일제의 강압과 박해에 못

이겨 일본 신사에 무릎을 꿇었고, 한국기독교 사상 영원히 씻지 못할 굴욕을 당하였다.

2) 신사참배 반대 투쟁

① 평양신학교 학생들의 반대 운동

신사참배 반대 운동은 기독교 학교들을 강제 폐쇄시키는 데서 시작되었고 본격적인 항거 운동은 1938년 초부터 전국 노회에 신사참배를 결의하도록 강제했던 경찰의 위압이 불씨가 되었던 것이다.

1938년 2월 19일 평북 노회가 먼저 신사참배를 결의한 사건은 앞에서 진술한 바 있는데, 이 소식이 먼저 평양신학교에 알려지자 교수들과 학생들이 성토하고 나섰으며, 평양신학교 교정에는 평북 노회장 김일선 목사가 신학교 입학 당시 입학 기념으로 심은 기념식수가 하나 있었는데, 평북노회 신사참배 결의를 전해 들은 같은 노회 소속 학생이었던 장홍련 전도사가 울분을 참지 못하여 노회장 기념식수를 뽑아 짓밟아 버린 것이 도화선이 되었다.

학생들은 각 노회 단위로 결속하고 소속 노회로 돌아가 불참배(不參拜) 운동을 할 준비를 하고 떠나려는 무렵, 이 기밀을 평양경찰서가 탐지하고 평양신학교 교수 중에 반대 의사가 강한 박형룡, 김인준 교수를 불구속으로 연금(軟禁)하고 주동 신학생들을 다수 검거하였다. 이 소식을 들은 교역자들이 분개하기 시작하면서 이 반대 운동은 각 교회로 번져 나가게 되었던 것이다.

② 선교사들의 불참배운동

신사참배에 대한 문제는 선교사들의 의견도 일치하지 않았다. 감리교 선교사들은 처음부터 미온적 태도였고, 장로교 선교사들 중에도 견해차가 있었다.

평양신학교 이사장 베어드(Baird, 배위량), 교장 로버츠(Roberts, 나부열), 동(同)선교회 실행위원 솔타우(Soltau, 소열도), 홀드크로프트(Holdcroft, 허대전), 로도스(Rhodes, 노해리) 등 유력한 선교사들은 강경하게 반대하였고, 일부 선교사의 반대에도 불구하고 그들은 신사 불참배운동을 강력히 추진하였다.

같은 해 1938년 9월 28일 남 장로교 선교사들은 광주에 모여 신사참배 문제를 협의한 결과 두 가지 방안을 세웠다.

첫째, 각 선교부는 각기 소속 노회로부터 탈퇴하고 비신자를 상대로 새 지반을 개척할 것.

둘째, 노회는 탈퇴하여도 개교회로부터 전도사업을 의뢰할 때에는 이에 호응하여 전도 활동을 계속할 것, 등을 결의하고 9월 30일 개최된 전북노회와 11월 4일 전남노회 석상에 결의된 2개항을 통고했다.

이는 신사참배를 결의한 노회에서는 탈퇴하되 신사참배를 배격하는 다수의 교역자와 교인들을 구출하여, 그들로 하여금 노회와 총회를 재구성하고 한국 장로교의 역사와 전통을 살리려는 의도였다. 한편 같은 해 10월 21일 캐나다 선교회는 신사에 참배하며 교육기관을 계속 운영할 것을 언명(言明)하여 선교회의 신사 불참배운동은 분열 상태에 놓이게 되었다. 그 외의 선교사들은 초지일관 노회를 탈퇴하고 불참배 목사들을 도와 불참배운동을 물심양면으로 지원하였다.

③ 박관준 장로의 진정서 투쟁

영변교회 박관준(朴寬俊) 장로는 평양의 기독교 학교들이 신사 불참배 문제로 폐쇄된 소식을 듣고 이 문제가 장차 한국교회를 망칠 것을 우려하여 일본 정부 당국과 합법적으로 싸워 한국교회를 구출할 것을 결심하였다.

이에 곧 장문의 진정서를 작성해 가지고 니시모도(西本) 평남지사를 위시하여 우가기(宇垣) 조선 총독, 아라기(荒木) 문부성 장관 등에게 제출했다.

진정서 내용은 다음과 같다.

- a. 여호와는 유일신으로 그는 천지 만물을 창조하시고 지배하시며, 그의 섭리 아래 인류의 역사가 전개된다.
- b. 여호와 하나님을 신봉하는 나라는 그의 복을 받아 전성하고, 그를 섬기지 않는 나라는 형벌을 받을 것이다.
- c. 한국 성도에게 일본 신사에 참배를 강요하는 것은 하나님을 거역하는 죄다. 그런즉 한국 신자들에게 신사참배를 강요하지 말고, 또 무고히 구속된 신자들을 즉시 석방해야 한다.
- d. 당신이 만일 신의 뜻을 순종치 않으면 신은 불원에 일본을 멸망시킬 것이다.
- e. 당신이 만일 여호와 하나님이 유일신(唯一神)임을 믿기 어렵거든 하나님이 참 신인가, 일본 아마데라스 오미가미(天照大神)가

참 신 인가 시험하자, 그 시험 방법은 나무 1백 단을 쌓아 놓고 그 위에다 나를 올려 앉히고 불을 질러 내가 타지 않으면 여호와 하나님이 참 신(神)임을 알게 될 것이고, 그때에는 여호와 하나님을 일본의 신으로 섬겨야 할 것이다.

그 후, 우가기(宇垣) 총독과 미나미(南次郞) 총독에게 신사참배 강요 철회를 요구하는 면담을 하려고 여러 차례 방문을 했다. 그래도 뜻이 이루어지지 않자, 그는 1939년 1월 신사 불참배 문제로 선천 보성여학교 교사직을 사퇴한 안의숙 양의 안내로 동경 일본 정부를 찾아갔다.

거기서 신학을 공부하는 아들 영창과 안의숙 양의 도움으로 전 조선 총독 우가기(宇垣)와 문부대신(文部大臣, 문화와 교육행정을 담당하는 일본의 행정 기관인 문부성 관리) 아라기(荒木), 정계 요인 신자야다(八田), 척무대신(拓務大臣, 조선총독부 등의 사무를 총괄하는 일본 정부 관리) 등, 정부 요인들을 차례로 방문하여 상기 진정서를 제출했다.

그들은 박관준 장로의 진지한 태도와 열의에 감동되어 협조할 것을 약속했다. 때는 마침 일본의회가 개회 중이었고, 신종교 법안이 상정되어 일본 종교계의 관심이 쏠려있을 때이므로, 그 신종교법이 토의되는 일자를 택하여 박 장로는 2층 방청석에 자리 잡고 있다가 종교법이 상정되어 동 심의위원 야스후지가 그 설명을 위하여 단상에 올라갔을 때, 박 장로는 「여호와 하나님의 사명이다, 工木心神の樣使命」라고 일본어로 외치면서 진정서가 든 큰 봉투를 던졌다. 이에 의회는 소란이 일어났다.

박관준 장로는 즉석에서 체포되어 일본 경시청에 32일간 구속되어 있다가 석방이 되자 귀국하였다. 그러나 그가 알리고자 했던 신사참배 문제는 잘 알린 셈이다. 귀국 후에도 계속하여 이 운동을 벌이다가 검속되어 6년간의 옥고를 치르면서 노쇠하고 병약하게 되었으나, 신앙의 절개를 굽히지 않고 옥중에서 순교의 반열에 참여하였다.

④ 김선두 목사의 일본 정계 요원 동원 투쟁

증경총회장이며, 당시 봉천신학교 강사였던 김선두(金善斗) 목사는 총회의 신사참배 결의 4개월 전에 평양에 와서 반대 투쟁을 하던 중, 1938년 4월 평양경찰서에 구금되어 있다가 석방되자, 김선두 목사는 다시 동경으로 가서 이 운동을 벌이기 위해 김두영의 안내로 동경에 건너가던 중, 우연히 평양 여자신학교장 윤필성 목사와 평양신학 교수 박형룡 박사를 만나 함께 동행하게 되었는데, 한국교회를 대표할 만한 팀이 된 것이다.

김선두 목사 일행은 8월 24일 동경에 도착하여 박영출(朴永出) 목사의 안내로 일본 정우회 중의원 마츠야마(松山常次郎) 장로, 군부원로 히비키(日疋信亮) 장로, 세키야(関屋) 궁내 대신 차관 겸 조선협회 이사장 등을 차례로 방문하고 신사참배로 인한 한국교회의 수난상을 진정(陳情)하였다.

이에 3인은 미나미(南次郎) 총독과의 면담 때 신사참배 강요 철폐를 건의하기로 약속했다. 그들은 이런 일을 할 수 있는 위인들로서 약속대로 9월 2일 서울에 와서 김선두 목사의 안내로 총회장 이문주 목사와 교계 원로 김익두, 장홍범, 강병주 목사, 또한 선교사 앤더슨(Anderson 안대선)과 로드(H. A. Rnodes) 등에게 신사참배 문제에 대한 의견을 청취한 뒤에 당시 일본 시찰을 마치고 돌아온 이승길 목사를 만나기로 약속되어 있어서 상경하였는데, 갑자기 검거 선풍이 불어 닥쳐 김선도, 이문주, 장홍범, 강병주 목사 등이 종로 경찰서에 구금되었으나, 히비키(日疋信亮) 장군의 알선으로 모두 석방되었다.

내한(來韓)했던 일본 정계의 거두 3인은 9월 4일 미나미(南次郞) 총독과 오노(大野) 정무 총감 등 5인 담화에서 미나미 총독은 9월 9일 평양 서문외(밖) 교회에서 열리는 제27회 총회시 신사참배를 결의하도록 평남도경에 행정 지시한 것은 지나친 것임을 인정했으나, 그러나 명령의 철회는 끝내 거부하였다. 이에 히비키(日疋信亮) 장군 일행은 한국 대표들에게 총회에서 신사참배를 부결 짓도록 하는 차선책을 제안하였다.

그것은 신사참배가 부결(否決)되면 총회원 전원이 검속될 것이고, 전원 검속이 되면, 이 문제는 한국 통치에 대한 중대한 문제가 되므로, 검속된 총회원은 10일 이내에 전원 석방이 되도록 보장할 테니, 속히 평양으로 가서 총회원들을 설득시키라는 것이었다.

그러나 평양으로 가던 김선두 목사는 어느 조선인 목사의 밀고로 개성에서 대기 중이던 경찰에게 체포되어 개성에 구금되었고, 일행 중 김두영만이 홀로 평양에 갔으나, 총회 주변은 벌써 수백 명의 정, 사복 경찰들에 의해 포위되어 있었다. 김선두 목사의 이 같은 열렬한 반대 투쟁은 위협과 강압 술책에 의해 좌절되고 말았다.

⑤ **교직자들의 규합 투쟁**

1938년 2월과 9월 사이에 교회 공적 기관들은 대부분 신사참배 시행을 언명(言明)하였다. 그러나 개교회 교직자와 신자들 대부분은 반대하고 나섰다. 그리고 1939년 초부터는 평북, 평남, 경남, 만주 등지에서 신사 불참배의 조직적인 투쟁이 일어났고, 신사 불참배운동의 본거지는 주기철 목사가 시무하던 산정현교회였다.

주기철(朱基徹) 목사는 신사참배를 적극 반대하여 1938년 2월 초에 제1차 투옥, 그해 가을 제2차 투옥, 1939년 8월에 3차 투옥, 1940년 5월에 제4차로 마지막 투옥되어 1944년 4월 21일까지 평양 감옥에서 순교할 때까지 전후 7년간 옥고를 치렀다.

이때에 신사 불참배운동은 조직적으로 확대되었고, 여기에 활동한 교직자가 많았는데, 그 주동 인물들은 평북의 이기선(李基宣) 목사와 경남의 한상동(韓尙東) 목사, 평남의 이주원 전도사였다.

특히 이기선(李基宣) 목사는 총회가 신사참배를 결의하자 9년간 시무하던 의주 북 하동교회를 사임하고 전국 순회 여정을 떠나 1939년 4월 하순, 평양 채정민 목사와 함께 신사 불참배 결사 동지 규합을 시작하여 김의창 목사를 동지로 얻었고, 평안남북도와 황해도 일대를 순방하면서 많은 동지를 규합하였다.

1940년 5월 이기선, 김형락, 박의흠, 계성수, 김성심, 오영은 등은 단결하여 2개의 투쟁 방안을 세웠다.

첫째. 신사 불참배운동을 벌여 현실 교회를 약화 또는 해체 시킬 것.

둘째. 신사 불참배 신자들을 규합하여 가정예배를 하며, 그것을 육성하여 새 교회를 세울 것 등의 신사 불참배 기본 방향을 정했다.

이때부터 만주와 평남, 북과 경남까지 신사 불참배 신자들의 교회 이탈과 그룹예배가 시작됐다. 이 신사 불참배운동의 남북 간의 연락은 주로 이주원 전도사가 담당했다. 그는 가장 열렬한 신사 불참배주의자로 남, 북한을 수없이 왕래하며 피차간의 운동을 격려하였다.

1939년 12월 한상동(韓尙東) 목사는 이주원 전도사의 평남, 북 신사 불참배 투쟁 2개의 기본 정책 보고를 듣고, 경남지방 투쟁 방안도 정하였는데, 「a. 현 노회 해체운동, b. 신사참배 목사의 세례, 수찬불응, c. 신사 불참배 주의자들로 새 노회조직, d. 신사 불참배 주의자들의 상호원조, e. 그룹예배 여행과 적극적 동지규합」 등의 강력한 방안을 결정하였다.

그는 부산, 마산, 진주 등지에 주재한 선교사와도 협조하기로 하고, 주남선 목사, 최상림 목사, 최덕기 전도사, 주수옥 전도사 등, 신사 불참배 결사 동지를 규합하고 한상동 목사는 이주원과 더불어 전국으로 확대 운동을 전개하려고 1940년 3월 28일 주기철 목사의 석방 시점을 기해 전국동지 단합대회를 열기로 약속하였다.

같은 해 4월 1일 주기철 목사가 석방되자, 다음 날인 2일에 한상동 목사는 평양으로 와서 만주 동지들을 만났고, 3일은 채정민 목사 댁에서 전국 신사 불참배 동지단합 대회를 열어 전국 불참배 노회를 조직하기로 합의하였는데, 이 운동은 선교사들의 후원도 큰 힘이 되었다.

평양의 함일톤(Hamilton), 매스베리(Masbery) 선교사 등은 활동 기금을 도와주었고, 만주주재 헌트(Hunt, 한부선) 선교사는 신사참배 반대 이유서를 인쇄하여 만주 전역에 배포하는 등의 지원을 하였다. 이 운동에 직접 가담하지 않은 교회 지도자들은 개인적으로 음성적 지원자가 많았다.

여수 나병원(애양원교회) 손양원(孫良源) 목사는 동교회를 위주로 개별적 운동을 벌인 것이 한 예가 될 것이다. 평양에서 신사 불참배 동지 대회가 있은 후, 이 운동이 전국적으로 확대되자 경찰은 온갖 정보망을 통하여 이 운동의 내용을 조사하면서 1940년 5월에는 주기철 목사를 위시하여 전국 신사 불참배 동지를 총 검거하였다.

관헌(官憲)은 그들을 치안유지법, 보안법, 육군형법 위반, 천황에 대한 불경죄 등을 적용하여 판결을 내렸고, 그중에 주기철 목사와 최봉석 목사, 박관준 장로는 평양 형무소에서 순교의 제물이 되었다. 그리고 옥중에서 순교한 수가 약 50명에 달한다고 하나, 그 개인들의 인적 사항과 순교 장면의 문헌들이 남아 있지 않음은 매우 안타까운 일이다.

일본은 자신들이 벌여놓은 태평양 전쟁 말기에는 예배당 종을 대포 탄알로 쓰기 위해 징발해 갔으며, 비행기 기금을 강요하고 많은 청년과 학생들을 징병, 징용으로 전쟁터에 몰아넣었다. 그리고 우리 민족의 지도자급, 교회의 중견 인사 3천여 명을 1945년 8월 17일에 몰살하기로 음모를 꾸몄으나, 그 이틀 전인 8월 15일에 일본 천황이 연합국에 무조건 항복을 선언함으로써 우리 민족은 해방을 맞이하게 되었다.

이 때에 평양 형무소에 수감되어 있던 이기선, 주남고(주남선), 한상동 목사 등 10여 명이 8월 17일에 출옥하였다.

15장 | 국토 양단과 6. 25동란

우리 민족은 연합국의 수뇌들이 체결한 카이로(Cairo, 이집트의 수도) 협정 선언과 포츠담(Potsdam, 독일) 협정 선언에 의해 일본에서 해방되어 독립국이 되었으나, 1945년 그들의 얄타(Yalta, 소련) 협정에 의하여 우리 민족은 알지도 못하는 사이에 국토가 38선으로 분단되는 불행을 가져왔다.

38선 이북에는 무신론적 공산주의 국가인 소련군이 진주하여 공산정권을 수립함으로써 교회의 존립은 위태롭게 되었다. 토지혁명에 의하여 교회의 재산은 몰수당하였으며, 주일에 선거를 실시하는 등, 교회를 괴롭혔다. 이에 수만 명의 신자들이 신앙의 자유를 찾아 월남하였으며, 공산주의 체제를 원치 않는 많은 시민들 수십만 명도 월남하여 이남에 정착지를 찾게 되었다.

사상과 체제가 다른 남, 북한의 정치제도와 이념 아래서 남북 간의 첨예한 대립으로 인해 38선은 국경선과 같이 굳어지게 되었고, 무력충돌이 자주 일어나게 되었다.

이북의 공산주의자들은 많은 게릴라들을 남한에 투입하여 폭동을 조장하는 등, 남한 사회를 흔들다가 마침내 1950년 6월 25일, 주일

(主日) 새벽에 중무기를 앞세워 남침을 감행하였다. 이 6. 25동란은 3년간 이어지다가 우여곡절 끝에 휴전이 되어 오늘에 이르고 있는 것이다.

6. 25동란으로 인한 많은 인명의 살상과 문화재의 인멸, 재산 파괴 등은 민족적 불행이며, 큰 손실이었다. 특별히 6. 25동란 전후를 통하여 이북의 교회 지도자들 수백 명이 투옥되거나 살해되었고, 공산군이 남한에 침공했다가 후퇴할 무렵, 남한 교회의 많은 지도자들이 납북되어 갔으며, 오늘날까지도 그들의 생사를 알 수 없게 되었다.

그러나 공산당들에 의해 순교한 것으로, 한국교회에 잘 알려져 있는 대표적인 인물들 가운데 몇을 소개하면, 먼저 애양원교회 손양원 목사가 있다. 자신의 두 아들을 총살시킨 좌익 청년을 양자로 들였던 손양원 목사는 공산당들에게 복음을 전하다 총에 맞아 순교하였다.

유명한 부흥사였던 김익두(金益斗) 목사도 신천교회당에서 새벽기도 하다가 인민군의 총에 맞아 순교하였고, 전남 영광군의 염산교회 김방호(金邦昊) 목사도 일가족 7명과 함께 1950년 10월 27일 몽둥이에 맞아 순교하였으며, 77명의 교인들은 설도항 앞바다에 수장되거나 칼에 찔리고, 총에 맞는 등, 단일 교회로서는 가장 많은 순교자를 냈다.

또한, 제주 출신으로는 최초의 목사였던 이도종(李道宗) 목사는 창조주 하나님을 부정하는 공산주의 사상을 반대하여 마을마다 순회하면서 반공(反共) 강연을 하다가 1948년 6월 18일 좌익들에게 끌려가 생매장을 당하여 순교하였는데, 제주 4. 3사건이 일어난 지 2개월 만이었다.

그리고 6·25동란 때에 폭격과 방화로 파괴된 남한의 예배당들은 휴전 이후에 점차 복구가 되었으나, 이북의 예배당들은 공산주의자들의 반(反) 종교 정책에 의해 복구되지 못했을 뿐 아니라, 예배당 터 위에 다른 건물들을 세워 교회의 흔적조차 남겨두지 않았다.

이러한 민족적 수난 속에서도 한국의 교회는 남한 교회를 중심으로 점차 부흥 발전하면서 통일이 되는 날, 공산주의자들에 의해 짓밟힌 북한의 교회들을 영광스럽게 회복하여 하나님께 큰 영광을 돌릴 것을 기도하며 준비하고 있는 것이다.

16장 | 교회의 분열과 합동 운동

1) 자유주의 신학 사상의 침투

1934년 평양의 마펠(Maffett, 마포삼열) 선교사의 증언에 의하면, 한국교회의 초기 선교사들은 대부분이 신학과 신앙에 있어서 보수주의자들이었음을 알 수 있다. 여기서 「대부분」이라는 말은 예외적인 선교사들도 있음을 암시한다. 이 증언대로 1910년대에 이미 자유주의 신학의 경향을 가진 선교사가 잠복되어 있었다.

그 예의 하나로 1914년에 평양신학교를 졸업하고 황해도 사리원에서 목회하던 김장호(金壯鎬) 목사는 윌리엄 커(William Kerr, 공위렴) 선교사의 자유주의 신학 영향을 받아(성경에 나타난 이적들을 부인하며, 홍해의 이적을 간조(干潮) 현상으로, 오병이어의 이적을 사람들의 도시락으로 해석하는 등) 성경에 대하여 고등 비평적(高等批評的) 해석을 가하였다. 이에 황해 노회는 6개월간 정직 처분을 내렸으나, 김장호 목사는 즉각 총회에 상소하였고, 총회는 심의한 결과 황해 노회의 결정이 옳다고 인정하였다.

이것이 한국교회 최초의 자유주의 신학 사건인 것이다. 이를 시작으로 일본이나 기타 유럽에서 자유주의 신학을 연구한 한국인 목사들이 귀국하여 세계 신학의 조류(潮流)를 소개하면서 한국교회 안에 진보적인 신학의 영향을 끼치기 시작하였다.

이러한 신학의 영향을 감찰하고 억제하기 위해 장로회 총회는 1917년에 「타 신학교를 졸업한 이가 본 장로회에서 사역하려면 먼저 장로회의 인도와 관리를 받고 본교(평양신학교) 신학(별과)에 출석하여 신경, 정치 규칙을 강습한 후 사역하게 한다」라고 결의하였고, 그 취지가 명문화되어 현재에도 적용되고 있다.(대한예수교 장로회 헌법 제15장 제13조, 참고).

그러나 평양을 중심으로 한 보수주의 신학이 강하게 영향을 끼치고 있었으나, 장로교 신자들 중에서 많은 젊은 신학도들이 감리교회나 캐나다교회 선교부 지역으로 옮겨갔다.

감리교회는 1930년 10월 2일, 제1회 총회를 열고 대략 다음과 같은 교리를 선언했다. 「그리스도교의 근본적 원리가 시대를 따라 여러 가지 형식으로 교회 역사적 신조에 표명되었고 … , 우리 교회의 회원이 되어 우리와 단합하고자 하는 사람들에게 아무 교리적 시험을 강구(講求)하지 않는다. 우리의 중요한 요구는 예수 그리스도께 충성함과 그를 따르려고 결심하는 것이다. … , 우리의 입회 조건은 신학적보다 도덕적이요, 신령적이다. … , 개인 신자의 충분한 신앙 자유를 옳게 인정한다」라고 하여 한국 감리교회는 다양한 신학을 넓게 수용할 길을 열어 놓았다.

한국교회에 자유주의 신학의 문제가 본격적으로 대두(擡頭)된 것은 『평양신학교』의 박형룡(朴亨龍) 박사와 『숭인 상업학교』의 교수였던 김재준(金在俊) 박사 사이의 신학적인 대립이었다.

김재준은 1934년 1월에 발표된 『신학지남』에서 자신의 신학 사상을 드러내기 시작했다.

※(신학지남, 神學指南: 1918년 3월부터 발행되기 시작한 평양 장로회신학교 신학 연구지) 그는 『신학지남』을 통해 다음과 같은 사상을 피력했다.

「선교사들을 통해 전수받은 보수신앙을 맹종할 것이 아니라, 한국적인 새로운 신학을 개척해 나가는 데 힘써야 한다」라는 것과 또한 김재준은 「성경의 축자영감설을 부정할 뿐만 아니라, 〈이사야의 임마누엘 연구〉라는 논문을 통하여 이사야가 예언한 "처녀가 잉태하여 아들을 낳을 것이요…"(사 7:14) 라는 말씀을 "동정녀"가 아닌 "여자"로 수정을 가하여, 처녀가 잉태한다는 것을 이제는 "젊은 여자가 잉태하여 아들을 낳는다"라는 것으로 보아야 원문에 더 가까운 해석이라」고 주장을 한 것이다.

당시 박형룡 박사는 김재준 박사와 더불어서 『신학지남』의 편집인으로 활동하고 있었는데, 김재준의 이런 주장에 대해 성경무오설과 축자영감설 신봉(信奉)자인 박형룡 박사는 크게 격노하였고, 김재준 목사의 글이 『신학지남』에 더 이상 실리지 못하도록 정면으로 대결하게 되었다. 이러한 사상적 대결을 배경으로 1934~1935년의 한국 장로교 총회는 심각한 신학적 분열을 노출하게 되었다.

이러한 자유주의 신학은 이미 한국선교 초기부터 들어와 싹을 틔우고 있었다. 앞에서 이미 서술한 바이지만, 1910년대에 한국에 들어와 활동하던 선교사들 가운데는 자유주의 신학 사상을 가진 자들이 잠복되어 있었고, 1914년 선교사 윌리엄 커(William Kerr, 공위렴)의 영향을 받은 황해도 김장호 목사의 『고등 비평적』 성경해석으로 노회에서 정직 처분을 받은 예가 있다.

※ 고등비평(高等批評): 성경에 관한 비판적 연구방법 중의 하나.

또한, 1925년 캐나다 장로교회는 감리교회와 회중교회 등과 합동하여 연합교회를 형성하였는데, 재한(在韓) 선교사들 가운데 라이거영(L. L. Young, 영재형) 캐나다 선교사는 장로교의 신조와 전통을 고수하기 위해 이 연합교회에서 탈퇴하였다. 그것은 연합교회 안에는 자유주의 신학 영향을 받은 자들이 있음을 알기 때문이었을 것이다.

그러나 1926년 한국장로회 총회에서는 영재형(榮在馨, L. Young) 목사와의 관계를 단절하고 연합교회와의 유대관계를 결의하였다. 이에 영재형 목사는 재일(在日) 한국교포 선교를 위해 일본으로 건너가게 되었다.

이때에 간도(間島, 두만강 북쪽 지역)에서 선교하던 스캇(Scot, 서고도 徐高道) 목사가 캐나다 연합교회 선교사회 회장이 되면서 미국 유학을 마치고 돌아온 김관식, 조희염 목사의 협력을 얻어 함경도 지방을 자유주의 신학의 온상으로 만들어 놓았다.

그는 젊은 인재들을 캐나다와 미국으로 유학을 시키며, 많은 인재를 포섭했는데, 송창근(宋昌根), 김재준(金在俊) 목사 등이 그 대표적인 인물들이다. 캐나다 연합교회는 여러 교파들의 연합체였던 만큼 장로교의 신조(교리)에 충실할 수 없는 것은 당연한 일이었다. 이것이 훗날 하나였던 장로교회가 4분 5열이 되는 원인이 된 것이다.

2) 한국 장로교 분열의 역사

① 제1차 분열: 예장 총회측과 고신측의 분열

해방 후 신사참배 거부로 옥고를 치르다가 출옥한 한상동(韓尙東), 주남선(朱南善) 목사를 중심한 교회재건 운동의 일환으로 1946년 5월 신학교 설립기성회를 조직하고 1946년 7월 경남노회 제47회 임시노회에서 『고려신학교』 설립승인을 받았다. 그리고 9월에 박윤선(朴允善) 목사를 교장으로 추대하여 고려신학교를 개교하였고, 1947년 9월 20일경 만주 『봉천신학교』에 봉직하고 있던 박형룡 박사가 귀국하자 10월 14일에 제3대 교장으로 취임케 하였다.

이 과정에서 신사참배를 거부하다가 옥고를 치르었던 목회자들이 신사참배를 가결하였던 자들의 회개를 촉구하면서 불편한 관계가 형성되어 있었다. 이러한 시기에 신사참배에 가담했던 자들이 노회의 세력을 얻으면서 1948년 12월에 모인 경남노회에서 고려신학교 설립승인을 취소함으로써 노회는 3파로 분열하게 되었다.

이런 와중에 박형룡 박사는 갈등을 겪다가 고려신학교를 떠나 서울로 올라가게 되었고, 1951년 총회에서는 한상동, 주남선 목사 등 신사참배에 저항했던 목회자들을 제명하여 축출했다. 졸지에 총회에서 쫓겨난 목회자들은 고려신학교를 중심으로 하여 마침내 1952년 9월 11일 진주 성남교회당에 모여 『대한예수교 장로회 총회』를 조직함으로써 장로교회의 제1차 분열의 역사를 기록하게 되었다. 이것을 세칭 『고려측』 혹은 『고신측』이라고도 한다.

② 제2차 분열: 예장총회 측과 기장측 분열

1938년 9월 30일 평양신학교는 신사참배를 반대하여 무기한 휴교에 들어갔다. 일제의 혹독한 박해로 인해 사업을 중단하고 귀국하는 선교사들이 줄을 이었고, 박형룡, 남궁혁 교수는 국외로 망명을 하였으므로 평양신학교 개교는 절망상태에 빠지게 되었다.

이러한 상황일 때에 서울에서는 조선신학교 설립 기성위원회가 조직되어 1939년 가을에 승동교회에서 개강하는 동시에 총회에 직영 설립을 청원하였으나 부결되었고, 다만 설립 승인만을 받았다. 이에 채필근, 김영주, 함태영, 이정로 목사 등을 교수진으로 하여, 다음 해인 1940년 4월에 정식으로 개교하게 되었다. 이것은 순수 한국인에 의해 세워진 최초의 신학교인 것이다.

이렇게 서울에서 신학교가 개교되자, 평양에서도 신학교 설립 운동이 일어나서 1939년 총회에서 평양신학교 설립이 결정되었다. 같은 해 11월 교장에 김석창(金錫昌) 목사와 윤하영, 고려위, 김관식을 교수진으로 조직하여 개교하였으나, 일본 당국은 교수진이 민족주의자들임을 꺼려하여 무허가 개교를 이유로 탄압을 가하였다. 이에 절충안으로 조선신학교 교수 채필근(蔡弼近) 목사를 교장으로 추대하여 정식 인가를 얻게 되었다.

채필근 목사가 떠난 조선신학교는 송창근(宋昌根), 김재준, 윤인구(尹仁駒)와 같은 일본신학교 출신들을 교수로 초빙하여 보충하게 되었다.

그러나 1947년 봄에 김재준(金在俊) 교수의 자유주의 신학 사상에 반대한 조선신학교 학생 51명은 같은 해 4월 18일 대구에서 열린 제33회 장로회 총회에 김재준 교수의 강의 내용을 명시한 진정서를 제출하였다. 이 사건은 우여곡절을 거듭한 끝에 1953년 4월 제38회 총회에서 마침내 김재준은 장로교 목사직에서 파면을 당하게 되었고, 총회는 조선신학교 직영 취소 및 동교 졸업생들의 목사 안수도 거부하게 되었다.

결국, 파면을 당한 김재준 목사와 조선신학교 출신 목회자들을 중심으로 『한국기독교 장로회』가 설립되면서 장로교회는 제2차 분열의 역사를 기록하게 된 것이다. 이것을 세칭 『기장측』이라고 한다.

③ 제3차 분열: 예장 합동측과 예장 통합측의 분열

장로교의 분열은 고려측과 기장측에 이어 『합동측』과 『통합측』으로 분열되었다. 1959년 9월 24일 대전중앙교회에서 모였던 제44회 총회는 WCC(세계교회협의회) 가입에 대한 찬성측과 반대측의 대립으로 그동안 내부 갈등을 겪어오다가, 교단 분열을 예방하기 위해 WCC에서 탈퇴하기로 합의하여 일단락되었다.

그러나 경기노회 총대 문제가 불거졌는데, 총대 명단이 각각 다르게 제출이 된 것이다. 이러한 경기노회 총대 문제로 회의가 1주일 동안 아무런 진전이 없게 되자, 증경총회장들의 건의를 받아들여 경기노회에서 스스로 총대 문제를 해결해 오도록 11월 24일까지 정회하기로 결의하였다. 이에 불만을 품은 총대들이 총회 임원 불신임을 선포하고 서울로 올라와서 연동교회에 모여 전 회장 전필순(全弼淳) 목사의 사회로 총회를 계속하였는데, 이것을 세칭 『연동측』이라고 부르며, 오늘날 통합측(장로회신학대학)인 것이다.

그리고 정회에 찬성하였던 총대들은, 그해 11월 24일에 서울 승동교회에서 총회장 노진현(盧震鉉) 목사의 사회로 총회를 속개(續開)하고 회무를 진행시켰다. 이것을 세칭 『승동측』이라고 부르며, 오늘날 합동측(총신대학교)인 것이다. 이것이 한국 장로교의 제3차 분열이다.

후에 양 교단의 합동을 위해 1967년 9월에 회집된 쌍방 총회에서는 합동위원을 선출하여, 여러 차례의 회합을 가지고 합동하기로 합의를 보았고, 1968년 3월 1일 오후 2시에 대전에서 양교단 합동총회를 소집하기로 공포하였다. 그러나 합동 원칙에 반대하는 총대들의 기세에 눌린 통합측에서 교단 합동총회에 참여하지 않음으로써, 재 합동은 성과를 거두지 못하였다. 그 후 통합측 총회에서는 새문안교회에서 한경직(韓景職) 목사의 사회로 총회를 열어 WCC 가입을 결의하였고, 이로써 양교단의 합동은 더욱 멀어지게 되고 말았다.

이와 같이 한국 장로교회는 여러 차례 분열을 거치면서 후에는 분열에 분열을 거듭하며, 군소 교단들로 4분 5열 되어 오늘에 이르고 있는 것이다. 이외에 교단 분열과 상관없는 자생(自生) 교단들도 많이 생겨났다.

맺는 말

　이상으로 한국교회 역사를 간략하게 옮겨 보았다. 우리는 이러한 역사를 통해 주님을 따르는 올바른 신앙의 삶이란 어떤 것인지, 피 흘리기까지 악의 세력들에 대항하여 선한 싸움을 끝까지 싸우며, 죽기까지 순종의 좁은 길을 걸었던 거룩한 성도들의 모습에 가슴 뭉클한 감동도 있지만, 또한 결코 닮아서는 안 될 배신과 바르지 못한 거짓 신앙의 모습도 함께 보게 되는 것이다. 그리고 신학과 신앙의 변질이 어떤 경로를 통해 오늘에 이르렀는지, 현실의 교회와 우리 자신의 신앙을 돌아보며, 과연 말씀대로 주님을 따르고 있는지, 우리의 믿음을 점검해야 할 것이다.

　　　"너희는 믿음 안에 있는가 너희 자신을 시험하고
　　　　너희 자신을 확증하라 … "(고후 13:5).

참고도서

- 한국교회사(상). 강의노트, 김광남 편
- 교회사, 김의환 박사 감수, 세종문화사
- 성경 형성의 역사. 원용국 박사 저, 호석출판사
- 한국교회 역사와 신앙이야기. 김성천 저, BOOKK
- 제주기독교회사. 박용규 지음, 생명의말씀사